新装版

ムーミンの哲学

瀬戸一夫

勁草書房

Original characters and artworks created by Tove Jansson
Illustrations © Moomin Characters ™
Originally published by Keiso Shobo Publishing Co., Ltd.
Published by arrangement with R & B Licensing AB, Stockholm
through Tuttle-Mori Agency, Inc., Tokyo.

新装版へのまえがき

　本書が世に出てから、四半世紀に近い年月が、すでに経過した。これほど長い年月にわたり、多くの方々に読み継いでいただき、しかもこの度は新装版で引き継がれる運びとなり、言葉を失うほど感激している。ひとえに読者諸氏のお陰である。著者はかつて初版の「あとがき」に執筆の動機を記していた。それはすなわち、哲学の入門的な解説をしながら、優れたメルヘン作品が教えてくれる「ものごとの真相」を紹介したいという動機であった。

　しかし、採用されたアニメ版ムーミンを読みなおしてみると、半世紀以上も前（昭和）の作品とは思えない点に、あらためて驚かされる。おそらく、アニメ版の各ストーリーに認められる、個性的でありながら時流に左右されない内容・展開の不変性と普遍性が、本書の再版という、著者にとっての幸運をもたらしたのだろう。当初の願いが叶い、感無量である。

　もしも読者が上記の特徴をもつムーミン作品のストーリーに一つでも共感できたとすれば、先人たちが解決不可能と思われた諸問題に取り組み、解決への突破口を切り開いてきた哲学の歩みに、読者もまた同行しているのである。そのような共感をもとに、哲学の歴史と歩みを共にしながら、普段とは少し異なる視点に立ってメルヘン作品を味わうことが本書の狙う醍醐味にほかならない。このため、僭越ながら著者としては、本論の各所で解説される哲学的な考え方を、読者が実際に使って、通

常は素通りして終わりがちな疑問を解くように、優れた作品の
ストーリー展開に分け入る読み方をしていただけるよう期待し
ている。

　いうまでもなく、ムーミン・シリーズのなかには、本書で紹
介できなかった多くの深遠な作品が含まれている。たとえば
「パパのぼうけん」をはじめ、ムーミンパパが小説の構想に尽
力しながら必ず失敗に終わる結末の真相は、おそらく、イギリ
ス経験論の発展全体を視野に収めないかぎり、解明できないの
ではないかと推察される。奥行きのある作品は、他に「小さな
みにくいペット」「さようなら渡り鳥」「メソメソ君のマイホー
ム」「パパの古い靴」「月夜になる鐘」「鳩は飛ばない」「消えち
ゃった冬」「さらばムーミン谷」などがあり、いずれも哲学に
特徴的な考え方や、難問を解決する道具立て（理論的ツール）
によらなければ、隠された素顔をけっして現さない。これらの
傑作は、深読みするまでもなく、自然に楽しめる内容の作品で
あるが、細部にこだわる一貫した解釈に努めたときに初めて、
比類なく深遠なストーリーの真相を教えてくれるのである。そ
れゆえ、ここで例示した諸作品の読解にむけても、本書が読者
にとって何らかの「きっかけ」または参考になれば、誠に幸い
である。

　なお、再版にあたっては、この度もまた勁草書房の橋本晶子
さんに大変お世話になった。末筆となり、恐縮しつつ、感謝の
意を表したい。

　　　2024 年 6 月

　　　　　　　　　　　　　　　　　　　著者記す

ま え が き

　最近では「哲学が分かる本」といった類いの題名で出版され
ている本が実に多い。読者の多くは、この種の本を読んで、お
そらくは絶望したのではないだろうか。その一方で、分からな
い面は分からないままである。というのも、分かった内容はど
うでもいいような、幼稚なものにすぎないからである。しかし、
そのように思えるのは、当然のことである。奇妙な指摘をする
点をご容赦いただきたいが、そもそも「哲学が分かる」という
のは無意味なことである。これもまた、とてつもなく奇妙な指
摘になることを承知のうえで述べると、まともな哲学者のなか
で、自分の哲学が分かってもらいたいと望んだ一流の哲学者は
一人もいない。そのように思った哲学者は、まず間違いなく三
流以下の学者であり、そもそも「何かを真剣に考え学ぶ者」と
いう意味での学者ではない場合が大半である。
　ここで問題にしたいのは「哲学が分かる」ということに伴う
一種の勘違いにほかならない。唐突な例であるが、大工道具の
鉋や鑿「が」分かるというのは、いったいどういうことであろ
うか。たしかに、鉋の艶やかな表面や鋭い刃、そして鑿の形状
や切り込んだ先端部の美しさを説明されると感心する。しかし、
鉋にせよ、鑿にせよ、それらが意味をもつのは道具として使用
されるときである。一軒の家屋が実際につくられるときに、鉋
が使われる様子、そして鑿による仕事が柱と敷居を接合させる
絶妙な工夫が実演され、それで鉋や鑿がもつ道具としての意味

が実感されるのではないだろうか。つまり、鉋や鑿の意味が分かるということは、それらの使われ方が実感されるということである。このように、鉋や鑿「が」分かるということは、それら自体の形状が分かるというのではなく、それらが使われる現場をイメージして、これはなるほどと思え、また鉋や鑿「で」家屋が見事につくられていくときの納得を意味しているのではなかろうか。鉋や鑿「が」分かるということは、それら自体が分かるということではなく、それら「で」なされることが分かるという意味である。

　哲学もまた鉋や鑿と同様で、そのもの「が」分かる場合もあるだろうが、それはあまり問題でなく、哲学「で」何が分かるのかということが問題なのである。この点で、哲学「が」分かる入門書というものは、あまり意味をもたない。少なくとも、入門書であるからには、哲学「で」どのようなことが分かるようになるのかを、実例に即して解説するほかないのではないかと思われる。本書はこうした配慮から、あくまでも哲学「で」分かるようになることを、優れたメルヘン作品が描く固有の実例に即して解説する。つまり、従来の入門書とは違って、本書は初めから終わりまで、哲学「が」分かるようになることを意図してはいない。哲学「で」何がどこまで分かるのか。以下では、まさにこの問題を追求し、一定の回答を具体的に描写する。鉋や鑿で家が建てられる現場を観察するように、哲学で分かるようになる実例を現場感覚で見てもらうこと、まさしくこれが、この入門書の意図にほかならない。

＊　　　＊　　　＊

　哲学は今日まで多くの問題を追究してきた。本書はそのなか

から、いくつかのテーマをとりあげて解説している。哲学の問題というと、しばしば言われるように、荒唐無稽で一般の人にとっては分かりにくい。たいていの場合、いったい何をどのような目的で問題にしているのか、まったく不明と思えるほど、哲学の議論は抽象的なものである。しかし、この分かりにくさは、議論が抽象的であることにもまして、それぞれの哲学者が示す見解に、どのような利点があるのかを実感しにくいことによるのではないだろうか。そして、これには一つの理由がある。

　偉大な哲学者たちといえども、やはり人の子であり、自分自身の生きた時代がある。かれらは自分たちの時代を生きるなかで、大半の人々が見落としている大問題を発見し、それを解くための困難な探究に挑んでいる。このため、ある哲学者の見解がもつ利点は、かれの生きた時代と当時の問題状況をあらかじめ知っておかないと、第三者には実感しようがない。これは異文化の理解とよく似ていて、特定の文化圏に見られる風俗や習慣などが、外から眺めているだけでは意味不明に映るのと同じである。そして、特定の哲学を勉強するために、歴史や文化まで深く理解し、今日では意味不明な各時代の問題状況や社会情勢まで知っておかなければならないという、まさにこの点に多大な労力が要求されるのである。哲学の難しさは、ほぼこうした事情による。

　しかしながら本書の解説は、専門家には不可欠な以上の労力をできるかぎり避け、各哲学者の学説が理解しやすくなるかぎりでの背景説明にとどめる。ただし、各学説が理解しやすくなるような背景説明は、入門書としての水準を考慮しながら、積極的に盛り込むことにした。そして、すでに述べたように、哲学者たちが格闘の末に至りついた見解によると、何がどのよう

に分かるのか、という点に関心をむける。つまり、ともかくも利点を考えてみるところから、それぞれの哲学「で」何が分かるのかを解説するということである。

　もちろん、このような方法では、それぞれの哲学者に固有の厳密な議論や、かれらの生きた時代に各学説がもった役割の多くは、視野の外にこぼれ落ちてしまう。とはいえ、哲学者の見解には時代と文化の違いを超えた面があるからこそ、今日まで遺されているともいえる。しかも、時代や文化を超えた哲学の基本的な考え方については、利点を教えてくれる具体的な事例に沿って理解するかぎり、それほど荒唐無稽でも意味不明でもない。むしろ、偉大な哲学者の見解は、わたしたちがあまりにも当然のこととして素通りしている事柄に着目し、まさにその事柄を当然のこととして積極的に押し通すと何が見えてくるのか、逆にまた素通りしているときには何が見えなくなっていたのかを改めて教えてくれる。そして、わたしたちの凝り固まった「ものの見方」や「考え方」を柔軟にする、いわば一種の触媒として働くのである。

　たしかに、哲学というものは、即物的な御利益を与えてくれない。これは触媒が働きかける物質なしには何もつくりださないのと同様である。しかし、哲学は有効な触媒となって、社会生活のなかでどこか凝り固まってしまった一面的な考え方に作用し、普段は見すごしているものごとの大切な側面を、わたしたちの眼の前に浮かび上がらせてくれる。まずはこのささやかな御利益だけを期待して、本論に備えることにしよう。本論では、哲学の利点を教えてくれる具体的な題材として、ムーミン作品の代表的なストーリーが選ばれる。さまざまな哲学の観点からすると、それらの作品群がどのように読めるのか、そして

まえがき

常識的な理解とは異なる像がそれらの作品から焦点をむすぶと
すれば、焦点をむすんだそれぞれの像から何が分かるのか、また
た各作品をつうじてわたしたちがどのように学ぶことができる
のか、これらを中心に解説することにしたい。これによって、
哲学者たちと視点を共有することが、この入門書の目的である。
それと同時に本書が、ムーミン作品という優れたメルヘンの深
層に迫る、一つの試みとなれば幸いと願っている。

＊　　　＊　　　＊

　ところで、ムーミンというと、すでに亡くなったトーベ・ヤン
ソンの原作が有名である。この原作はかねてより文庫版で容
易に入手でき、今でもすぐに読むことができる。トーベ・ヤン
ソンの原作にはもちろん、優れたメルヘンの世界が、豊富に描
き出されている。しかし、かつて放映されたアニメーション版
のムーミンは、放映用の作品ということもあって、現在あらた
めて鑑賞したいと思っても、それはなかなか難しい。そして、
アニメーション版は単なる原作の焼き直しではなく、わたしの
印象からすると、原作を遥かに凌駕するほどの深い内容をもっ
ていた。
　このままあの優れた作品群は、あまり注目されることもなく、
やがて忘れ去られてしまうのだろうか。それはあまりにも惜し
いことである。このような思いを重ねていたところ、先頃アニ
メーション版シリーズを収めたビデオに出逢うことができた。
もとより、本論で試みるような解釈にとっては、このアニメー
ション版オリジナルが神聖不可侵の資料となる。このため、ム
ーミン作品を扱うに際しては、台詞の一言一句に至るまで変更
を加えることなく、またストーリーの展開をオリジナルどおり

vii

に再現し、そのものずばりを全面的に解釈する方法が採用されている。というのも、著者の考える哲学の本務は、事柄の加工という企てからはきっぱりと身を引き、事柄が語り示す意味を一定の視角から、それが語られているとおりに見えやすくする試みだからである。しかし、これはあくまでも一定の視角から見えやすくした、一つの解釈にすぎない。一人ひとりが独自にこのシリーズを理解し、それぞれ固有のムーミン像やスナフキン像をもつことは実に望ましいことであり、この作品群が各人の個性豊かな解釈に道を開いているのであれば、それは作品としての優秀さを雄弁に物語る証しだといってよいだろう。

　おそらく、アニメ版ムーミンの制作にあたられた方々の入念なご努力は、わたしの推測を大幅に超えるものであったにちがいない。その貴重なお仕事に心から敬意を表するとともに、本書で試みた哲学的な解釈が、制作者諸氏の各作品にむけたご熱意をできるだけ損なわないよう、ひたすら願って止まない。

＊　　　＊　　　＊

　本書執筆のいきさつは、かなり以前に著者の雑文が、たまたま仏文学者の松原雅典先生の目にふれ、まとまったムーミン論を仕上げてみてはどうかと、同先生からご助言いただいたことに端を発している。そして「これは無意味な評論ではない」というお言葉を賜ることがなければ、本書が執筆されなかったであろうことはまず確実であり、ましてやこうして世に出ることもなかったにちがいない。また、松原先生には、推敲もままならない段階の原稿にお目通しいただいただけではなく、ご多忙中にもかかわらず、数々のご指導とご鞭撻を賜った。この格別なご配慮とご親切に深く感謝したい。

まえがき

　それから、執筆の過程で、妻の美紀に原稿を何度も通読してもらい、読みにくい箇所を徹底的に指摘してもらった。これによって、しばしば抽象論に傾きがちな著者の悪癖は、しっかりとフォローされたのではないかと考えている。身内のことを語る不躾をご容赦いただき、本書は実質的に、この妻との共著であることを記しておきたいと念う。

　なお、出版にあたっては、勁草書房の橋本晶子さんに、この度もまた大変お世話になった。評論としてのムーミンではなく、著者による哲学解説としてのムーミン論を、ということで、本書の軌道を示して戴いたことが、こうした仕上がりになった最大の要因である。あらためてこの場で、心から感謝の意を表したい。

　　　2002年1月

　　　　　　　　　　　　　　　　　　　　　　著者記す

も　く　じ

新装版へのまえがき ……………………………………… i

ま　え　が　き ……………………………………………… iii

第Ⅰ章　贋物と本物　—ひこう鬼 現わる—

第1節　西洋哲学の始まり ………………………… 2

古代ギリシアのタレス／小熊座の発見／神
話との闘い／革命的な先駆者の偉業

第2節　全能者のさがしもの ……………………… 10

ムーミンの宝物／不思議な全能者／ノンノ
ンの悲劇／約束どおりの奇跡

第3節　先入観の洗いだし ………………………… 14

だまされた全能者？／常識の点検／理解の
逆転／ものごとの真相／タレスの革命的な
視点

第Ⅱ章　理想と現実　—アリオンのたて琴—

第1節　時間をめぐる問題 ………………………… 22

直線的な時間／ゼノンの仕掛けた罠／アウ
グスティヌスの疑問／過去はどこに行った
のか？／中世哲学の基本前提／時間を克服
すること

第2節　詩作の喜びと苦悩 ………………………… 29

星々との対話／天才詩人の伝説／海に捧げ
る詩／ムーミンパパの感傷／海からの返事
／ミイの苦悩／過去に支配される現在／甦

る伝説のアリオン

第3節　過去を乗り越える ……………………… 40

行き詰まりの二者択一／実情そのものと弁解／たましいのコトバ／未来のための過去／理想と現実の接点

第Ⅲ章　希望と創造　—おちてきた星の子—

第1節　理論と現実の関係 ……………………… 50

古典古代の衝撃／トマス・アクィナスの業績／ドゥンス・スコトゥスの方向転換／聖書が啓示する世界とは？／虚構と行為の指針

第2節　流れ星に託す願い ……………………… 58

流れ星の伝説／お願いの失敗／幸運と悲しみ／ムーミンの後悔／自滅的な救出作業／偶然のひらめき／本当の救い

第3節　伝説が告げる真理 ……………………… 68

謎めいた展開／伝説を伝説の世界へ／願いをかなえてくれるもの

第Ⅳ章　他人と自分　—鏡の中のマネマネ—

第1節　〈わたし〉とは何か ……………………… 74

眠りと目覚めの比喩／幻影としての世界／存在という概念の多義性と一義性／不要な命題や存在の刈り込み／オッカムの剃刀／デカルトの悪夢／方法として誇張された懐疑／人間精神と物体とのあいだの切断／神の存在証明と懐疑の克服／〈わたし〉の危機と鏡の比喩

第2節　鏡の中にある世界 ……………………… 92

鏡を使った悪戯／底なしの深淵／わたしを見つめる影／影たちの世界／ばらばらにされるノンノン／いつもの世界にもどること

第3節　見知らぬ人々の眼 ……………………101

設定の奇妙な現実味／〈わたし〉でないわたし／鏡に吸い込まれる感覚と他者／わたしの存在基盤／フィヒテの難解な命題が明かす秘密

第Ⅴ章　秘密と自信　―影なんか怖くない―

第1節　論理の見えない罠 ……………………110

ゾロアスター教の威力／ヘラクレイトスの神／タレスの偉業とその神秘化／円環的な自然の発展／永遠の回帰と全体主義のイデオロギー／ヘーゲルの弁証法

第2節　ペテン師の読心術 ……………………125

見つめられると気になるのは何故？／かわいそうな犬の話／秘密をもらす影ぼうし／影の沈黙と無力な魔術／不安の解消と本当の安心

第3節　自信のある生き方 ……………………135

恐れの屈折した現れ／論理の威力とその飛躍／実情をうけいれること／カゲミーロの秘密／実は心理であった強力な論理／絶対精神とヘーゲルの影ぼうし

第Ⅵ章　儀式と人格　―笑いの仮面―

第1節　仲間のなかの自分 ……………………148

イギリス経験論の道行き／キリスト教の奇妙な典礼／永遠の信仰と現世の生活／デカ

ルトの〈わたし〉／誰かにとっての〈わた
し〉だけが存在する／フィヒテの学説と信
仰／ハイデガーの問題設定／実存とは何
か？

第2節　真の友情とは何か ……………………161

普遍的な笑い／仮面を選ぶ／大人にとって
も必要な祭り／祭りの終わりと日常の始ま
り／仮面の世界の女王さま／消えてしまっ
たお爺さん

第3節　伝承と戒めの真相 ……………………170

ストーリーの逆説的な転回点／仮装用の仮
面と本当の仮面／自分とはちがう自分にな
る？／祭りの役割／儀式と日常生活

第VII章　流行と信頼　—花占い大事件—

第1節　日常的な生活世界 ……………………180

文明の危機と相対主義／古代ギリシアの数
学／ピュタゴラスとかれの教団／数学的な
自然観と霊魂観／限定と無限から構成され
た世界／正多面体と五元素／エレア・ショッ
クと文明の危機／ヨーロッパ文明の危機
とフッサールの訴え／ウィトゲンシュタイ
ンと説明の拒否／非常に古い現代的な問
題？

第2節　逆立ちする価値観 ……………………200

占いの流行と危機の予感／過ぎ去る流行の
出どころ／物騒な一日／遅れてやって来た
流行／澄んだ瞳はなぜか怖い

第3節　信じることの役割 ……………………207

新しくない流行？／生活世界の逆転／本音

もくじ

は本当に本音なのか？／何かに対する逆転
という実情／流行の「かたち」／ラディカ
ルな直接民主制の自然学

第VIII章　運命と行為　―赤い月の呪い―

第1節　常識の転回と哲学 ……………………………220
カントの着眼点／太陽は東から昇らない？
／近代の思想が回帰する巨大な湖／おちゃ
めな犬／ものごとの理解とその反転

第2節　共に生きる困難さ ……………………………227
月蝕は怖い？／吸血コウモリの伝承／迷信
と不安のあいだで／スナフキンと小さな命
／村のしきたりを守ること／勇気と友情

第3節　メルヘンの神秘性 ……………………………235
いくつかの疑問／前提を一貫させる／決定
的な疑問／取るに足りないこと？／運命と
の格闘／神秘を神秘なままに／コペルニク
ス的な解釈の転回／世界像の反転と近代哲
学の神髄

あ と が き ……………………………………………247

人 名 索 引 ……………………………………………253

章扉イラストはすべて©Moomin Characters™

第 I 章
贋物(にせもの)と本物
ひこう鬼 現わる

第1節　西洋哲学の始まり

　哲学の源流を遠い過去までさかのぼるとどうなるか。もしも哲学史というものが「考えることの歴史」だとすれば、その歴史は人類の歴史と同じだけの長さか、霊長類の全歴史をさらに超えた長さをもつであろう。起源というものは、たいていの場合、川の水がどこに発するのかを探すのと同じように、源流から地下水脈、雨水を蓄える森林から雨をもたらす雲へと際限なくたどれる。しかし、地下水脈をたどった水が勢いよく地表に湧き出す湧水口や、穏やかな流れが急転直下する滝のように、人間の考え方、すなわち思考様式が大きく変貌をとげる境目は、固有なものとしてほぼ特定される。

古代ギリシアのタレス

　たしかに、哲学の歴史をどのように描くかという問題には、一律の答えがないといってよい。実際、この問題については今日まで、さまざまな見解が示されている。しかし、18世紀の後半にドイツで活躍した哲学者カント（1724—1804年）は、人間の思考様式が大きく転換した歴史のうちに哲学をおくことで、哲学の歴史に着実な発展をもたらそうとした。ものごとの考え方に大規模な変化が起こること、そしてこの革命的な変動に堪

えぬく試練の道こそが、哲学の歩む歴史にはふさわしい。カントはこのように理解した。そして、かれはこの道を敷設した人物として、あるギリシア人の名をあげている。カントによると、かつて人類の思考様式に空前絶後の大転換をもたらし、変革期の激動さえ貫通する、学問の確かな基礎を固めたその人物とは、紀元前6世紀初めの都市国家ミレトスに現れたタレス（前624頃―548／5年）にほかならない。

　タレスは幾何学の証明を行ったことで有名である。カントの理解によると、この証明は経験的な知識の単なる蓄積から一線を画しており、純粋に数学的な厳密さをもつものであった。タレスはこれによって、古代エジプトの測地術を克服する、まったく新しい思考様式に到達していたのである。カントが思い描いた哲学の歴史において、タレスの功績は第一級の革命的な転換であり、水源の比喩でいうと湧水口にあたると考えられる。この湧水口から勢いよく湧き出した豊かな水は、やがてそこかしこから滲み出る水源地帯の水分を引き連れ、確かな川のかたちをとって諸学問の歴史をつくりあげていく。哲学の革命を唱えたカントによると、近代の哲学は確実な学問として発展するために、この流れと合流しなければならなかったのである。では、タレスの革命はどのようなものであったのだろうか。

小熊座の発見

　カントはタレスの功績として二等辺三角形の証明をあげている。ここではしかし、革命的な思考様式という点をより明確にするために、この証明とは別の功績として伝えられるタレスの発見を例にとることにしよう。これもまた有名な伝承であるが、かれは小熊座を発見している。しかも、これが航海に役立った

とされている。小熊座は北極星を含んでいるため、星空のうち
にそれが見つけられると、すぐに正確な北の方角が分かる。船
乗りにとって、これが便利であったことは容易に想像される。
しかし、この発見は、わたしたちが考えるほど単純ではなかっ
た。というのも、古代ギリシアというと、さまざまな神話を思
い出すように、当時は人々の慣習や常識を神話の威力が圧倒的
に支配していたからである。そして、天上の世界は神々の座で
あり、きらめく無数の星座は神話の宝庫にほかならなかった。
どの星座も人間を超えたところにあって、自然現象や人間たち
の運命を支配している。この考え方は、わたしたちの想像が及
ばないほど、古代の人々に根深く浸透していたのである。現在
では奇妙な意見にたいして「そんな非科学的な！」と反論する。
ところが、古代ギリシアでは、むしろ「そんな非神話的な！」
という反論が、人々の実感に根差していたと考えてもよい。こ
の点を見落とすと、小熊座の発見に秘められた革命的な思考様
式が、なぜ革命的であるのかは理解できない。

　より正確にいうと、タレスは従来ギリシア人が用いていた大
熊座に代えて、フェニキア人が航海の頼りにしていた小熊座を
観測したと伝えられている。したがって、小熊座によって方角
を知ることは、かれのオリジナルな発見ではなかった。では、
タレスの画期性はどこにあるのだろうか。それはかれが小熊座
を北の印に見立てたことである。しかしながら、これでもまだ、
かれのオリジナリティーは明確でない。これを明確に理解する
ためには、タレスの生きた時代に絶大な影響力をもっていたと
思われる神話に対して、この「見立て」が一種独特の微妙さを
もっている点に着目する必要がある。

　星界──神話の英雄と神々にかたどられた天上の世界──は

第1節　西洋哲学の始まり

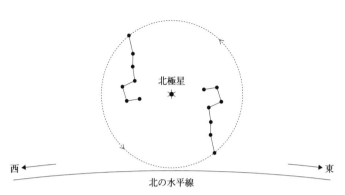

文字どおり神々の座であった。また、大熊座（北斗七星）は見つけやすく、いつでも「ほぼ」北の方向にあるが、小熊座とは事情が異なり、時刻によっても季節によっても大きく位置を変える。このため、大熊座を頼りにする場合、その単純とはいえない位置の変化を長い経験からよく知ったうえで、そのつど的確に北の方角を判定できる者でなければ、航海でそれを利用することはできなかったと想像される。おそらく、神々を擁した星座の位置変化は、困難な航海をする人間たちの運命を大きく左右したことであろう。星界の事情に通じていない者にとってはなおさらのことである。神々に自分たちの運命を支配され、つねに翻弄される人間像というものが、ある種の現実味をおびていたとも推察される。

神話との闘い

　さて、ここでタレスが単純な意味で神話に反逆したのであれば、神話の威力に真正面から対抗して、天上の星座は人間の運命を左右するものでも世界を支配するものでもない、と主張したとしても、理屈のうえではどこもおかしくない。しかし、か

れは神話の威力に屈することを断固として拒否しつつ、その全面的な否定にはむかわなかった。星界のうちでも小熊座は、北という方角を支配している。小熊座はわたしたち人間の目からすると星々の配置である。とはいえ、それは星々の配置そのものではない何かを、すなわち、いつでも北という方角を支配し、まさにそのことをわたしたちに告げている。天界には事実、そのような星座がつねに在る。これがタレスの「見立て」であった。かれはこれによって、神話の威力そのものを、結果的に人間がいつでも正確に北を知るための、信頼の拠りどころへと変容させたのである。タレスのオリジナリティーはまさしくここに認められる。

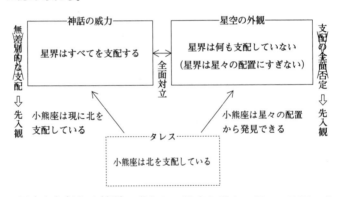

　旧くから伝わる神話の威力と、星座を単なる星々の配置とする主張とが、当時は互いに対立していた。前者は「星界はすべてを支配する」と告げ、後者は「星界は何も支配していない」と訴える。このように、一方の主張は他方の主張にたいして、全面的に対抗したのである。前者が正しければ後者は否定され、後者が正しければ前者は否定される。このように、双方は互いに厳しく他方を斥けている。しかし、神話の威力はすべての支

配を告げるだけで、その方法も具体的な事例も示さずに、無差別的な支配を断言している。これにたいして、後者は一切の支配を端的に否定するだけで、現に特定の星座（小熊座）を頼りに安全な航海ができるのはなぜか理解できない。

　こうした両者の主張にむけて、タレスは一種独特の見解を提示していた。すなわち、小熊座は実際に北の方角を支配しているのであり、神話が告げるように、星界は人知を超えた威力で世界を支配している。しかし、人間が知りえたことは、今のところ小熊座による方角の支配までである。まさにそのかぎりで、神話が告げるように、星界の支配力は絶大であると考えてよい。とはいえ、人間の目からすると、星座は単なる星々の配置に見える。その配置は常に保たれ、変化があるとはいっても、いつも同じように移動しているだけである。しかし、そのなかでも小熊座は、つねに北の方角に観測される。しかも、星空の外観だけをもとに、わたしたち人間は独力で星々のうちに小熊座の配置を見つけ出せる。小熊座を探すために、人知を超えた神話の威力に翻弄されるようなことはない。人間は星界によって支配されているどころか、むしろそれを利用できるのである。まさにそのかぎりで、星界はすべてを支配していない。というのも、わたしたちは星界に支配されることなく、独力で小熊座を見つけ出し、それを利用できるからである。とはいえ、そうできるのは、小熊座が人知を超えた威力で北の方角を支配していて、いつでも北を教えてくれるからこそである。

　神々のいる天上の星座が、地上の出来事や人間の運命すべてを、いったいどのように支配しているのか。この点はたしかに人知を超えている。しかしその一方、実際に小熊座が北という方角を支配している事実を、われわれ人間は経験からよく知っ

第 I 章　贋物と本物

ている。この事実を認めるかぎり、神々の支配力に感謝しても
よいし、小熊座は正確に北を教えてくれる星々の配置だと理解
してもかまわない。神々に感謝しつつ、人間の目からすれば
星々の配置にすぎないと理解してもよいだろう。また、神々へ
の信仰や微妙な理解の違いにこだわることなく、素朴に小熊座
が北の印だと信じても、それぞれの姿勢が互いに他の権利を侵
害することはない。というのも、神話の威力は人知を超えてい
るため、その無差別的な支配を断言しようとしても、知りえな
いことについては何も言えないからである。この点を率直に認
めることなく、天上の星座がすべてを支配していると断言した
ときに、この断言が自己矛盾におちいるだけではなく、他の姿
勢をとる権利が侵害される。つまり、この断言は権利侵害であ
るとともに、自滅にむかっているのである。

　また、小熊座がこれまで北を教えてくれたという従来の事実
は、この星座が将来の航海においても必ず北を教えてくれると
いう完全な保証にはならない。なぜなら、それが単なる星々の
配置だと断定すれば、いついかなるときに、今までどおりの配
置が北を教えなくなってもおかしくはないからである。この点
を無視して星座を単なる星々の配置におとしめれば、小熊座が
常に北を教えてくれるという信頼は崩れ、しかも星座の支配力
を信じる権利が一方的に侵害される。したがって、この姿勢も
また、他の姿勢にたいする権利侵害であるとともに自滅にむか
っていることが分かる。しかし、星座による全面的な支配とい
う、もともと人知を超えた事柄についての見解は保留して、
ともかく小熊座が北の方角を支配していると信じることにすれ
ば、航海にともなう不安は消えてなくなり、将来の航海にむけ
た安心感が得られる。と同時に、わたしたちの目からは、どの

8

星座も単なる星々の配置に見えるという事実も否定されない。それでよいのである。タレスのオリジナリティーは、以上のような「見立て」によって、神話の威力そのものを人間がいつでも正確に北を知るための「信頼の拠りどころ」へと変容させたところにある。

　タレスはこのように、全面的に対立する双方の主張が両立し、それどころか双方が互いに補強し合っている実情を具体的に指摘していた。小熊座は星界が支配力をもつことの証しである。その一方で、星々の配置から人間たちが方角を知ることは、小熊座が常に北の方角を支配しているため、いつでも保証されている。タレスはまさしくこうした「見立て」によって、対立する主張が共に生きるための着実な道筋を、小熊座という個別具体的な事例で分かりやすく示していたのである。

革命的な先駆者の偉業

　タレスのオリジナリティーは以上のような思考様式の革命にある。そして、カントがタレスを哲学の先駆者としていることをもとにすると、哲学とは一つの事柄（小熊座）のうちに、互いに妥協を許さないないほど背反し合う二つの世界観や意味が、みごとに共存する可能性を発見する試みであったといえる。哲学というものは、相互に対立する主張を、それぞれにおいて首尾一貫させることによって、双方の見解の背後に潜む先入観──「無差別的な支配」と「支配の全面否定」──を徹底的に洗いだし、そのうえで両者が共存していける道を切り開く。まさしくこれが哲学の重要な役割ではなかろうか。そして、小熊座をめぐるタレスの実例は、一つの見解に閉じこもっているかぎりでは見えないような、まったく新しい世界が見えてくるこ

とを雄弁に物語っているのである。そこで、以下では互いに対立する二つの意見によって織り成されたムーミン作品をもとに、先入観の洗いだしによって見えてくる、メルヘン固有の世界を描き出してみることにしよう。

第2節　全能者のさがしもの

　ここで扱うのは「ひこう鬼 現わる」と題された作品である。このストーリーは、ひこう鬼という登場人物の意見と主人公ムーミンの意見とが全面対立しながら、そのような意見対立がむしろ平行線をたどることで、わたしたちをどことなく深遠なものの見方に誘っている。この作品はそのように、メルヘンに固有な世界を、実にさりげなく描き出しているともいえる。しかし、前置きはこの程度にして、まずはストーリーそのものを紹介することにしよう。

ムーミンの宝物

　赤いシルクハットに赤いマント、黒い魔法のステッキを手に、空飛ぶ黒豹にまたがって空を駆けめぐる、そういった不思議な人物が、あるときムーミン谷にやってくる。始まりの場面がどうであったかというと、透き通るような夕焼け空を背景に、ムーミンが父親からもらった大粒のビー玉を夕空にかざし、まるでルビーのような美しい輝きを放つその宝物を、かれは大事そうに眺めている。

　そんな様子を、ムーミンの友だちの一人、ノンノンが見つけ、美しいその宝石が欲しくてしかたなくなる。もう一人の女友だちであったミイもまた、その宝石に目をつけて、いきなりそれ

を譲るようムーミンに要求する。「宝石は女がもったほうが値打ちがあるものよ！」ところが、ノンノンはその宝石に目をつけたのは自分のほうが先だということで、ムーミンがそのルビーを自分に譲ってくれるよう頼むのであった。こうして、ノンノンとミイは口論になる。しかし、ムーミンとしても、たいそうお気にいりの宝物を、今すぐには誰にもあげたくない。それに、かれがもっていた宝物はルビーではなく、単なるビー玉である。ムーミンはそのことを正直に話すのだが、ノンノンはまったくそれを認めない。彼女にとって、そのときムーミンがもっていたのは、美しいルビー以外のなにものでもなかったのである。そのため、ノンノンは拗ねてしまい、泣きながら家に帰っていく。が、その後もノンノンは、ムーミンのもっていた大きな輝くルビーのことが忘れられなかった。

不思議な全能者

　一方、夕焼け空のもとにとり残されたムーミンのところへ、上空でルビーの放つ光に気づいた例の男が、空飛ぶ黒豹を操りながら地上に舞い降りてくる。そして、ひこう鬼と名乗るこの人物は、自分が《ルビーの王様》なるものを探して世界中を旅してきたことをムーミンに告げ、ようやくそれを発見したと言う。つまりムーミンがもっていた光り輝く宝物、すなわち父親からもらった大粒のビー玉が、かれの探しつづけてきた宝石にほかならないと語るのであった。

　ひこう鬼は強力な魔法によって、今まで見たこともない美しい花、七色の鳥、……と、つぎつぎに創り出して見せ、それらとムーミンの宝物を交換してくれないかと、取り引きをもちかける。ひこう鬼の話によると、かれの偉大な魔力によっても、

第Ⅰ章　贋物と本物

ムーミンがもつルビーの王様だけは創造できないらしい。

しかしながらムーミンとしては、仲良しのノンノンにさえあげなかった宝物であるから、そう簡単にそれを譲り渡すことはできない。また、かれはひこう鬼の望んでいるものがルビーなどではなく、単なるビー玉でしかないことを知っている。ムーミンはそのことを正直に話すのだが、ひこう鬼は自分の目に間違いはありえないと断言して、いずれムーミンがそのルビーと交換してもよいものを思いついたときには、いつでも自分を呼ぶようにと言いのこし、ふたたび空へ去って行ったのである。

ノンノンの悲劇

このときの約束も半ば忘れてしまったムーミンは、その後もノンノンが遊んでくれないことに困りはてる。そして、ついに宝物をノンノンに譲る決心をして、ムーミン谷にある《おさびし山》の森を待ち合わせ場所としてえらび、そこへ彼女を呼び出すことにした。その場所で予定どおりムーミンの宝物がノンノンに手渡されるのだが、森の中の薄暗く淋しい雰囲気を反映してか、その宝物はどこから見ても、みすぼらしい単なるビー玉にしか見えない。このためノンノンは、ルビーの贋物でごまかそうとするムーミンに、それまで以上の怒りをぶつけることになる。彼女は、あのときムーミンがもっていたものが本物のルビーであったと、心から信じて疑わなかったからである。

説得に苦しむムーミン。かえってそれに腹を立てるノンノン。話はいっこうにすすまない。するとそのとき、大きな地震がおこる。二人の足もとの大地はひき裂かれ、ノンノンは裂けめの中に転落してしまう。しかし、それだけではなかった。倒れてきた大木が、ノンノンの転落した裂けめを、無情にもおおって

第2節　全能者のさがしもの

しまったのである。その大木は、ムーミンの力ではびくともしない。ノンノンはこうして、完全にとじこめられてしまった。さらに、おさびし山の中腹にあった湖のダムが決壊したため、二人のところに洪水が押しよせてくる。ノンノンが大地の裂けめの中で溺れてしまうのは、もはや時間の問題だ。かけつけたスナフキンや村の大人たちによっても、大木をとりのぞく時間はもう残されていない。このときムーミンは、湖の反対側にあるダムの水門を開ければ、水の勢いを止められることに気づく。そして、かれはムーミンパパと共に、そこへ急ぐことになる。

　ようやく到着したムーミンは、水門を開くための装置を動かそうとする。まもなくムーミンパパも到着し、協力して水門を開けようと力を尽くす。しかし、古くなった木の装置は、むなしくも壊れてしまったのである。すべての努力がついえさったとき、皮肉にも周囲の情景はぬけるような夕焼けで、みごとに染まっていた。人々の思惑が余すところなく無に帰したとき、自然は初めて本来の荘厳な姿を現わすということなのだろうか。ムーミンパパはそのとき、ムーミンが耳の中にしのばせていたビー玉に目を止め、みごとな夕焼け空を反映してか、それがいかなる宝石もおよばない、神秘的な妖しい光を放っているのに驚く。「なんと美しい宝石なんだ！」ムーミンパパがこう呟くと、ムーミンは、しばし忘れていた、ひこう鬼との約束を思い出すのである。

約束どおりの奇跡

　ここでも、ムーミンの気掛かりは、どれほど美しく見えるにしても、かれがもっているのはルビーの王様などではまったくなく、ただのビー玉でしかないということであった。しかし、

ほかにはもう望みはない。ムーミンは、さっそくひこう鬼の名を叫ぶ。まもなく空から舞い降りてきたひこう鬼は、ムーミンから事情を聞くとすぐに上空へ飛びたち、手にした魔法のステッキをひとふりする。すると、たちまちにして水は引き、ノンノンの危機は一瞬にして去ったのである。

かくしてムーミンは約束どおりに自分の宝物を譲りわたした。しかし、このときも、正直なムーミンは、その宝物が本当はただのビー玉でしかないことをふたたび告白するのを忘れなかった。これにたいして、ひこう鬼は大笑いしながら、ムーミンが宝石を譲るのが惜しくなって、まだそんな嘘を言っている、とたしなめる。そして約束どおりにルビーの王様を手に入れたかれは、大よろこびで夕焼け空の遥かかなたへと姿を消すのであった。このとき、ムーミンパパはムーミンに語る。「かれにとって、美しければそれでいいのかもしれない、ビー玉だってルビーだって」。

第3節　先入観の洗いだし

オリジナルのアニメーション作品は前節のとおりである。記憶に焼き付くような美しい作品であり、透きとおるような夕焼け空を背景に、ムーミンのもつルビーが妖しいまでの輝きを湛えている情景は、まるで自分が体験したことであるかのように、今でもときおり頭のかたすみをよぎるほどである。そして、いくつかの疑問を繰り返し呼びおこしながら、このストーリー展開は記憶の闇の中で、微かなルビー色の妖しい光を放ちつづけている。しかし、解釈のゆがみをさけるために、前節では記憶にたよることなく、オリジナルを細部にいたるまで正確に再現

第3節　先入観の洗いだし

しておいた。

だまされた全能者？

　ところで、たいていの人にとっては奇妙な疑問だと思えるかもしれないが、このストーリーをそのまま受け取ると、ひこう鬼はムーミンのような子供の宝物にだまされたことになる。これはどこかおかしいのではないか。たしかに、このように考えてしまっては、メルヘンに固有な世界をだいなしにしてしまうのかもしれない。メルヘンの世界が理屈で構成されているのではないことも事実であろう。それを承知のうえで、あえて問いかけてみよう。

　自然現象を操り、人々の運命さえ左右するひこう鬼が、なぜムーミンのビー玉にだまされてしまったのだろうか。おさびし山の森の中という、ムーミンの宝物がひときわみすばらしく見える場所で、しかもその宝物がノンノンに手渡されようとした、まさにそのときに、とてつもない惨事が起こったのはなぜか。ムーミンたちの願いと引き換えに獲得したビー玉を、全能ともいえるひこう鬼が、ルビーの王様だと断言してやまなかったのはどうしてなのか。こうした疑問に何か答えがあれば、全能者にも創造できないルビーの王様という、実に不自然な設定も、むしろ自然なものとなるのではないか。

常識の点検

　オリジナルのアニメがもつ具体性からすると、どうしても作品固有の詩情ゆたかなイメージ世界を損なってしまいそうだが、あえて次のように疑問を整理してみよう。このストーリーの中心にあるのは、いうまでもなくムーミンの宝物、すなわちビー

第 I 章　贋物と本物

玉である。それは夕焼け空のもとにあるときにだけ、いかなる
ルビーにも優る、みごとな輝きを放った。しかし、もの淋しい
場所に持って行くと、それは単なるビー玉でしかなかった。つ
かの間の美しい夕焼け空のもとから引き離されたとき、それは
宝石とは似ても似つかない、どこにでもあるような、つまらな
い代物にもどったのである。

　常識からすると、ムーミンの宝物は特別な情況のもとでだけ、
あたかも宝石のように見えるだけであって、実のところ「贋
物」のルビーとしかいえないものであったと考えられる。それ
が夕焼け空のもとで現す姿は、たとえどれほど美しいにせよ、
本当は「かりそめ」の姿でしかない。ムーミンが何度もひこう
鬼にたいしてうったえていたように、その「真相」は価値のな
いただのビー玉であった。と、このような理解がどこか前提にさ
れてしまうのではないか。夕焼け空のもとでは「仮の姿」をと
り、それ以外の場では「真の姿」をさらけ出すムーミンの宝物。
こうした前提に立てば、たしかにムーミンは最後まで正直であ
ったとはいえ、全能者ともいえるひこう鬼が、結果としてはム
ーミンのような子供にだまされたことにさえなってしまう。し
かし、それでよいのだろうか、という疑問がどこか浮かんでく
る。

理解の逆転

　さて、ここで、全能者ともいえるひこう鬼は、けっしてだま
されてなどいなかったと、理解を逆転させることはできないだ
ろうか。ムーミンの宝物は、夕焼け空のもとで仮の姿をとった
のではなく「真の姿」を現していた。そして、それ以外の場で
は「仮の姿」をとっていた。さきほどの前提を逆立ちさせると、

まさにこのようになる。みずからにとって、もっともふさわし
い場におかれたときにだけ、みずからの本当の姿を現す宝石。
ひこう鬼にとって、これがまぎれもなくかれの探し求めていた
《ルビーの王様》だったのである。全能者は全能であることで、
たまたま置かれた情況に左右されることなどけっしてない、完
璧なルビーを創造することになる。ふさわしい情況のもとでだ
け真の輝きを放つといった、いわば不完全な、またそうである
がゆえに、かけがえのない一個の宝石。これは、かれにとって
探し出す以外なかったのであろう。こうしてかれは、完全さと
は無縁の者たちが住むこの世界のうちに、ルビーの王様を求め
たのである。

　みずからにとって、もっともふさわしい場におかれたときに
だけ、みずからの美しい真相を現す。そのような性格をもつ大
切なものは、考えてみると世の中に数えきれないほど見うけら
れる。そして、そのようなものが、ふさわしい場からひき離さ
れ、いかなる情況にたいしても無差別かつ無責任に適用される
とき、世にいう不幸がもたらされることになるのではないか。
おさびし山の森の中という、ルビーの王様にとってはふさわし
くない場で、それがむりやりノンノンに手渡されようとしたと
き、大地震とそれにつぐ惨事がたてつづけに起こった。そのの
ち、ルビーの王様がもっともふさわしい夕焼け空のもとで使わ
れたとき、一個の人間には及びもつかない、奇跡のような効力
が発揮されたのである。

ものごとの真相

　このように、ものごとの深い真相を、ムーミンのアニメ作品
は語りかけてくる。ムーミンたちとひこう鬼の互いに対立する

第 I 章　贋物と本物

主張を、それぞれにおいて首尾一貫させることで、むしろ見解の背後に潜む双方の先入観が洗いだされた。ムーミンが「これはビー玉なんだ」と主張しても、ひこう鬼からすれば「ムーミンは嘘をついている」ことになる。しかし、ひこう鬼を除く、他の誰にとっても《ルビーの王様》はビー玉が一時的に示す「仮の姿」にすぎない。この意味で、ムーミンは嘘をついていなかった。他方、みずからにふさわしい場でのみ美しく輝く宝石こそが、ひこう鬼を魅了してやまない《ルビーの王様》にほかならなかったのである。この意味にかぎるならば、悪意の有無は別として、宝物が夕焼け空のもとでどれほど美しく輝くかを現に知っているムーミンは、それが単なるビー玉にすぎないと断定している点で、やはり嘘をついていることになる。しかし、ムーミンたちにとって一時的な「仮の姿」でしかないということは、ひこう鬼の美意識をまったく損なわない。逆にまた、ひこう鬼からすると嘘になることは、ムーミンの正直さを否定していない。それどころか、ひこう鬼の美意識とムーミンの正直さとは、むしろ互いに支え合っている。こうして、両者が共存する道が切り開かれ、ノンノンは救われたのである。

　わたしたちはメルヘンが語り示す真相、すなわち美しさはそれが何であるのかということとは無縁であるという事実の深みに誘われていた。「かれにとって、美しければそれでいいのかもしれない、ビー玉だってルビーだって」。このように、タレスの革命的な思考様式は、一つの見解に閉じこもっているかぎり見えない、まったく新しい世界を浮かび上がらせてくれる。そしてさらに、このひこう鬼のストーリーは、たとえば言葉というものの本質を、また、人間がつくりだした基準というものの性格を、さらには歴史のなかで登場してくる、さまざまな技

18

術というものの真相を、わたしたちに示しているように思える。

言葉（基準、技術）
それは自らにとって
最もふさわしい場におかれたとき
その場を一つの世界へと創りあげ
創りあげられたその世界の中で
みずからもまた最も美しく輝く

　ひこう鬼の話をうけとって、わたしなりに思いつくままをつづってみた。けれども、こうした断片詩もどきのまとめをしても、とうていこのメルヘンのストーリー展開がもつ具体性には及ばない。

タレスの革命的な視点
　話をうけとる者に自分でものを考えさせるということ、これはほとんど奇跡である。しかし、ここで紹介したムーミンの話は、話をうけとる者にたいして、自分で創造することの大切さを示している。わたしたちが何かを自分で創り出すことの大切さとそのすばらしさを、けっして教えるというのではなく、どこかそれとなく示しているのである。おきまりの大切さを教えることと、大切な生き方や考え方、そして深いものの見方をそれとなく示すということとのあいだには、実はとてつもない隔りがあるのではないか。メルヘンとは、それをうけとろうとする者にだけ、しかも、うけとる者に相応な姿を映し出す繊細な装置のことであるのかもしれない。タレスの思考様式は、おそらく、この繊細さに共鳴するものであったのだろう。

第Ⅰ章 贋物と本物

　神はみずからを救う者を救う。自分自身で創り出すことだけが、ものの見方を深め、わたしたちを大切な生き方や考え方へと導いてくれるのである。そして今日、このような救いの手掛かりとなるものが、アニメーション版シリーズのムーミン作品のうちに発見される。虫プロ制作のこの優れた作品群は、そのいずれをとっても、ストーリーをたどりなおすごとに、投げかけた問いに相応な深さの回答を、わたしたちに投げ返しつづけてくれるからである。

第 II 章

理想と現実
アリオンのたて琴

第1節 時間をめぐる問題

　今日に至るまで、哲学はさまざまな問題を扱ってきた。そのなかでも、時間とは何かという問題は、哲学の長い歴史をつうじて、実に多くの大家によって探究されている。20世紀最大の哲学者ともいわれるハイデガー（1889—1976年）は、有名な『存在と時間』（1927年刊行）という著作で、まさに時間を問題にしている。そのほかにも、ベルクソン（1859—1941年）、フッサール（1859—1938年）、メルロ゠ポンティ（1908—1961年）、ウィトゲンシュタイン（1889—1951年）といった哲学の巨頭たちもまた、時間をめぐる問題を探究したことが知られている。最近では、哲学の領域を超えて、社会学や文化人類学などでもこの問題が幅広く扱われるようになった。しかし、時間への深い関心は太古からあったようで、古代の遺産にその痕跡が認められることは珍しくないようである。

直線的な時間

　哲学の歴史にかぎっても、古代ギリシアの記録は、現代にまで直結するといえるような、時間への関心が当時すでにあったこと、また時間について哲学的な議論がなされていたことを伝えている。初期のギリシアでは、遠くオリエントに由来する農

耕民族型の、季節とともに「めぐり来る時間」という通念に加え、ギリシアで固有に培われた競技文化型の時間を優勢な通念として、多様な時間観念が入り乱れていたようである。競技文化型の時間とはどういうものかというと、なかなか表現しにくいのだが、いわば「すべての過去を結集しつつ、予測不可能な未来の獲得にむけて、眼前の現実に挑むこの現在」といった、まさに競い合う時間観念である。第Ⅰ章で紹介したタレスをはじめ、かれの後継者とされるアナクシマンドロス（前610／9—547／6年）やアナクシメネス（前586／5—526／5年）など、哲学史において「ミレトス学派」と呼ばれる学派の代表格について伝える記録は、農耕型の時間と相性のよい神話の時間、すなわち「過去をそのつど再現する時間」が、競技の時間によって次第に克服される形跡を留めている。

　しかし、紀元前6世紀を彩った以上の動向は、世紀も末になると、アケメネス朝ペルシア帝国の脅威によって大きく様変わりしている。一説によるとペルシア帝国はこの時期、ゾロアスター教を背景とした強力な帝国運営を推進しており、その教えは、時間を超越した最高神アフラマズダーによる世界創造、何段階かに分かれた善霊と悪霊との戦い、そして最後の審判による歴史の終焉といった、文字どおり「直線的な時間」に貫かれていた。この強力な帝国イデオロギーの津浪は、不可抗的にギリシア文化圏へと押し寄せたようで、ペルシア帝国の支配に下ったイオニア地域の都市エペソスでは、このイデオロギーに強く影響されたと思われる教義を、ヘラクレイトス（前540頃—478年頃）という人物が遺している。また、ペルシアの勢力圏からは離れていたイタリア半島のクロトンやエレアといった都市でも、帝国の新たな時間イデオロギーを強烈に意識した学説

第II章　理想と現実

が生まれている。

ゼノンの仕掛けた罠

　たとえば、エレア学派の一人として有名な紀元前5世紀前半頃のゼノンによると、飛んでいる矢は徹頭徹尾それが在るところに在って、無いところには無いため、どの一瞬においても特定の場所を占めて静止している。なぜなら、特定の場所に在り、かつ無いということは不可能だからである。ところが、静止はどれほど加算しても静止でしかない。したがって飛んでいる矢は静止している。ゼノンはこう論じたとされている。これはゼノンのパラドックスと呼ばれるものの一つである。

　飛んでいる矢さえも本当は静止している。運動というものは幻影にすぎない。そして、わたしたちの生きるこの世界は、つねに変化が絶えないのであるから、変化の絶えないこの世界は単なる幻影だということになる。詳論は避けるが、直線的な時間を支配する超越神の視点という発想がなければ、この種の議論は成り立ちにくいのではなかろうか。いずれにせよ、この「飛矢静止」とも呼ばれる議論には、どこかいかがわしさが漂っている。このため、多くの哲学者や論理学者たちが、ゼノンの議論をくつがえそうと努力してきた。ところが、今日に至るまで、この議論を論駁しようとした数々の試みは、いずれも失敗に終わっている。

アウグスティヌスの疑問

　さて、歴史をやや飛び越えて降ると、キリスト教が優勢な時代に至る。時間観念に関していうと、キリスト教の歴史観は、すでに見たようにゾロアスター教のそれと一脈通じている。そ

第1節　時間をめぐる問題

して、キリスト教的な歴史哲学の大著を遺すことになるアウグスティヌス（354—430年）は、後の哲学史に決定的な影響を与える時間論を展開していた。その議論のうちには、現在までしばしば注目されてきた、非常に有名な一節がある。「時間とはいったい何か。もしも、誰もわたしに尋ねないなら、わたしは〔それが何であるかを〕知っている。しかし、尋ねる人に説明しようとすると、わたしは〔それが何であるかを〕知らないのである」。難しく考えようとしなければ、今日のわたしたちにとって、この一節が告げていることは実感しやすいのではないか。時間は誰にとってもおなじみのものである。ところが、それは何かとあらためて問われると、誰もがその説明に窮してしまう。ようするに、こういうことである。

アウグスティヌスは次のようにも述べている。「もしも、何も過ぎ去らないのであれば、過去という時間は存在せず、何も到来しないのであれば、未来という時間は存在しないだろう。そして、何も存在しないならば、現在という時間は存在しないだろう」。ところが、過去は「もはや存在しない」からこそ過去であり、未来は「まだ存在しない」からこそ未来なのである。現在についてもまた、仮にそれが過去へと移って行かないのであれば、経過することのない「永遠」になってしまう。そのような永遠を、わたしたちが「現在」として理解しているのかというと、そのようなことはない。わたしたちの現在は、つねに過ぎ去っていくのである。しかし、現在という時間が不断に過ぎ去っていく、つまり瞬く間に消失するところからすると、どのような理由から「現在は存在する」といえるのだろうか。アウグスティヌスはほぼこのように論じている。

以上のように、アウグスティヌスの言い分は、ゼノンのパラ

ドックスとよく似ている。しかし、飛んでいる矢が静止しているといった、半ばいかがわしい議論と比べれば、この言い分は共感しやすいのではなかろうか。つまり、運動を否定するゼノンの言い分がいかがわしいと思える一方で、同じ論法が時間について展開されると、なぜか共感できるのである。これはどういうことであろうか。時間の奇妙さは時間に固有の特権であり、わたしたちは時間の不可解さを不可解なまま、あっさりと受け容れているということになりそうである。だからこそ「誰もわたしに尋ねないなら、わたしは知っている」のであろう。しかしながら、アウグスティヌスの議論が現代人にも問題意識を共有させるところがあるとはいえ、そこには実のところ、現代の通念とはかなり異なった背景がある。

過去はどこに行ったのか？

　アウグスティヌスの宗教的な世界観からすると、この世界は神が無から創造したのであり、創造に先立つ無には時間さえ存在する余地がない。「時間そのものを神が創造した」。かれはこのように述べている。したがって、過去がもはや存在しないというのは文字どおりのことであり、すでに無と化しているという意味にほかならない。しかし、考えてみると、これは当然の指摘でもある。現代人は過ぎ去ったことであっても、それが時間軸上のどこかに保存されているように想定するが、過ぎ去ったこと「そのものずばり」を今ここに持ち出そうとしても不可能である。むしろ、そのような企ては、まったく無意味であろう。まさしくこの意味で過去は存在しない。未来がまだ存在しないという指摘も、これと同様の理由から、未来は端的に無だ、ということを意味している。さらには、過ぎ去る現在もまた、

第1節　時間をめぐる問題

きわめて危ういものとなる。というのも、在るか無いかの一方だけしかない以上、矛盾に満ちた過ぎ去る（在りかつ無い）現在という時間は、とうてい確かに存在するとはいえないからである。それでもなお、時間とは何であるのかを「誰もわたしに尋ねないなら、わたしは知っている」のである。

　以上からアウグスティヌスは、単なる物質とは異なったものとして創造されたわたしたちの魂が、期待という仕方で先へ、また記憶という仕方で背後へと双方向に延びる働きだと考えた。単純化して表現すると、魂の働きは神によって創造されたことを想起しつつ、神の愛へとむかうよう創造されていて、そのかぎりでのみ、過ぎ去る現在のもとにあっても、かろうじて無への転落をまぬがれつつ存在しているということである。このように、いかなるときも神の支えを必要とするわたしたちと、不断に無へと転落する時間的な世界の歴史は、今日の常識からは大きく隔たったものとなる。異様な印象になることを承知のうえで言うと、過ぎ去るこの現在は、歴史上の一点にあるのではない。歴史上の過去において神がこの世界を創造したというのでもない。これらとはほぼ逆になる。すなわち、過ぎ去る現在に生かされているわたしたち人間に、もはや無い過去が記憶や記録というかたちで、そしてまだ無い未来が期待という仕方で、いわば無のまま神によって示されているのである。そして、前後が無の深淵に挟まれたこの危機的な世界観は、キリストの磔刑からほぼ1000年を経過した西ヨーロッパの盛期中世に至って、さらに徹底されることになる。

中世哲学の基本前提

　11世紀後半の西ヨーロッパでは、細々と伝えられた古代の学

第II章　理想と現実

術をもとに、創造主である全能の神はどのような意味であらゆることを成しうるのか、という問題が深く考えられた。キリスト教の信仰からすると、ものごとはすべて、つまるところ神の成し遂げた業による。過去に起こったこともまた、その例外ではない。しかし、全能の神は、みずからがすでに成し遂げた過去を後の時点で変更することができるのだろうか。このような問題が、当時、かなり真剣に論議されたのである。今日の常識からすると、これはどう考えても荒唐無稽な問題であり、宗教上の特殊な議論だと思える。というのも、過去の変更は不可能であり、この実情をくつがえす能力を神に期待することは、単なる期待としてさえ不条理としか思えないからである。しかし、過ぎ去る現在に生かされている人間に、神がもはや無い過去を記憶や記録というかたちで示している、あるいは記憶や記録まで現に創造しているといった考え方を基本にすると、過去の変更ということは、それほど簡単に片付けられる問題ではなくなってくる。

　記憶や記録から浮かび上がる過去の事実が、あるとき突然、その相貌をがらりと変える。これはさほど奇妙なことではない。神への信仰ということを別にすれば、今日でもこのような意味で過去の変貌を考えれば、少なくともただちに不条理なことだとは断定できない。それでもやはり、論理のうえでは、ここに重大な問題が潜んでいる。もしも神が全知全能であるならば、そのような神がかつて創造した過去を、いわば事後的に訂正するというのは、理屈からするとみずからの全知全能を否定していることになりかねない。11世紀後半に議論されたのは、このような矛盾を神の全能に認めるのかどうかという、きわめて論理的な問題であった。そして、この問題にはすでに、アウグス

ティヌスが一定の見解を示していたのである。

　そもそも神の創造は完全で矛盾のない業である。しかし、人間はそれを徐々にしか知りえない。このため、特定の段階で判断しようとすると、創造の業が矛盾しているように思えることもある。なるほど、神は文字どおり全能であるから、矛盾を犯すこともできる。まさに、そのような能力も含めて、神は全能である。とはいえ、全能でしかも善なる神は、矛盾という悪をなそうとは意志しない。ほぼ以上がアウグスティヌスの示した見解の趣旨である。しかし、この見解をどのような意味で理解すればよいのか。11世紀後半の議論はこの点に集中していた。

時間を克服すること

　矛盾をものともせずに過去を曲解するというのではなく、あくまでもその場において最善を尽くしながら過去を変えていく、あるいは過去を克服するとは、いったいどのようなことであるのか。全能の神という宗教的な場面を離れれば、この問題は今日のわたしたちにとっても、無意味なものとは言いきれないだろう。むしろこれは、十分に意味のある、しかも大切な問題だといってよい。そして、哲学の歴史を貫く「時間とは何か」という疑問に、この問題は光をなげかけてくれるのである。以下では、時間をめぐる問題のなかでも、わたしたちが過去とどのように関わるのかという側面に関心をむけながら、ムーミン作品の一つを紹介することにしよう。

第2節　詩作の喜びと苦悩

　ムーミンのシリーズは、幻想と現実が交錯する作品に富んで

いる。幻想的であればあるほど、どこか現実のおくゆきを浮か
び上がらせるような、それでいて現実のきびしさが描かれるそ
のときに、まるで幻想への扉が開かれるような、そうしたメル
ヘンの世界がそこにはある。今から紹介するのはその一つであ
り、ムーミンたち子供ではなく、大人のムーミンパパが、かれ
らとの関わりのなかで学んでいく話である。それは「アリオン
のたて琴」という題名で、詩人としてのムーミンパパが、ムー
ミンとかれの友人たちに、詩作のすばらしさを伝えようとする
話であった。

星々との対話

　満天の星空を背景に、庭いすに腰かけたムーミンパパが、夜
空を仰ぎ見ながら星にささげる詩を詠んでいる。そのような美
しい場面から、このストーリーは始まる。

　まだ寒さが残る季節であった。そんな時期の夜に、熱っぽく
詩をささげているムーミンパパのところへ、防寒用のマントを
ムーミンがもってくる。ムーミンからすると、そこでパパがし
ていることは、どうにも奇妙であった。すると、ムーミンパパ
はこう語りかける。「どうかねムーミン、星と話をしてみたい
とは思わないかね？」しかし、ムーミンには何のことか分から
なかった。パパはつづける。「星はもちろん、風や海とだって、
誰とでも、コトバを交わして友だちになることができるんだよ
ォ」。ムーミンは「ほんとう？」と問い返す。自分たちの使う
言葉を、あの夜空の星が、うけとってくれるのだろうか。この
ように、かれはパパの言うことに疑問をもつのであった。

　ムーミンのようすを見て、ムーミンパパは星空をじっと眺め
てみるよう促す。そしてムーミンは、言われるとおりに夜空を

第2節 詩作の喜びと苦悩

仰ぎ見る。夜空には無数の星々がちりばめられていた。仰ぎ見るムーミンに、ムーミンパパは語り始める。「そら！　あそこにひときわ光っている四つの星が見えるだろう」。ムーミンにはすぐにそれが分かった。「それからちょっとはずれたところに、ぽつんと一つ光っているのが分かるかねェ？」ムーミンはパパの言っている星々をすぐに見つけた。ムーミンパパは「あのひし形に並んだ星ともう一つの星を合わせると、……どうだい？　イルカのかたちに見えてきたろう」と語る。しばらくすると、ムーミンは叫ぶ。「本当だ！」星空のなかを、たしかにイルカが泳いでいたのである。

　このとき、ムーミンは星空にむけて、そこにイルカを見ようと、心で語りかけていた。かれの心がふと呟いたコトバに、星たちがイルカになってこたえてくれている。かれはその不思議さに驚く。ムーミンパパは、感心するムーミンにたいして、たったいま見えた夜空のイルカにまつわる、一つの伝説を語り始める。それはある詩人のことを伝える神秘的なものであった。

天才詩人の伝説

　遠い昔のこと、才能にめぐまれた一人の若い詩人がいた。その名はアリオンという。かれの創り出す詩はすばらしく、たて琴の透明な調べにのせて歌われるその詩は、たましいのあふれるコトバに満たされ、それを聴く誰をも魅了する美しいものであった。アリオンは各地をめぐり、自作の詩を人々に披露する。かれは吟遊詩人として生活していたのである。そして、コンクールではいつも優勝し、かれは賞金を手に故郷の小さな島へと帰ってゆく。ところが、あるとき、大きな祭りのコンクールで優勝したアリオンは、恋人の待つ故郷の島へとむかう船で、不

31

第Ⅱ章　理想と現実

幸な事件にまきこまれてしまう。悪い船員たちが、アリオンの
もつ賞金に目をつけ、かれを襲っただけではなく、傷ついて死
にそうなアリオンを、海に突き落としてしまったのである。
　賞金を奪い取った悪い船員たちは、残酷にも大よろこびする。
しかし、その直後に、かれらは不思議な光景を目にすることに
なる。海面ちかくを何頭かのイルカが泳いで行く。しかもその
一頭の背には、さきほど突き落とした、あのアリオンが戴せら
れているではないか。そして、イルカたちに救われたアリオン
は、かれらに護られ、海を渡っていった。アリオンが創り出し、
各地でたて琴の調べにのせて歌われてきた数々の美しい詩は、
人々だけではなく、海の生きものたちをも魅了していたのであ
る。イルカたちにとっても、アリオンは偉大な詩人であった。
このことに気がついた船員たちは、自分たちのしてしまったこ
とが恐ろしくなり、それから三日三晩のあいだ船室にとじこも
り、祭壇の前にひざまづく。そこでかれらは神様にゆるしをこ
い、心から悔い改めた、と伝えられている。
　ムーミンパパは、この伝説をムーミンに語りながら、たまし
いのコトバで創り出された本当の詩であれば、どのような相手
も、かならずそれを聞きとどけると言う。「美しいコトバ、たま
しいのコトバは、誰とでも通じ合える……星とだって、風と
だって。その美しいたましいのコトバを、われわれは本物の詩
と呼んでいるんだ」。さきほど星空にイルカが見えたこともあ
って、ムーミンはこの話にも感心する。すばらしい詩にはそん
な力があるのか。かれはそう思った。しかし、詩の創作という
ものは、やはり子供には近よりがたいものである。そのため、
ムーミンの興味も、一夜とともに消えてしまう。

第2節　詩作の喜びと苦悩

海に捧げる詩

　翌日のこと、ムーミンはいつもの仲間と川で遊んでいる。それぞれが自分で作った帆船の模型を川に浮かべ、誰の船がいちばん速いか、同時にスタートさせて競争しようということであった。昨晩は星空からのこたえに感動したムーミンであったが、ムーミンパパの期待をよそに、かれは詩の創作よりも船のスピードレースのほうに熱中している。それはそれでよいと考えつつも、ムーミンパパは自分が子供のころにつくった帆船の模型を手に、レースに熱狂するかれらのところにやってきた。その模型は精巧にできた立派なもので、ムーミンもミイもそれを見て感心する。そしてかれらは、海のほうへむかうムーミンパパについて行くのであった。

　ミイとしては、こんどはムーミンパパも一緒に、海で船の競争をすると期待していたようで、早く始めようとしびれをきらす。しかしムーミンパパは、古く壊れやすくなってしまった自分の船に、激しいレースをさせるのはとてもしのびがたいと告げる。そして、子供たちを前に、海をたたえる詩を詠みはじめるのであった。海はそのやさしさで、わたしたちを温かくつつんでくれる。このすばらしい海の向こうには、美しい花園があるにちがいない。ムーミンパパは、ほぼこのような詩を模型船の帆につづり、それを詠んで海にささげる。そして、海に浮かべられたその帆船は、久しぶりの船出をよろこぶかのように、大きく帆をふくらませて、ムーミンたちに見守られながら、ゆっくりと沖にむかって行く。そのときムーミンパパは呟く。「あの船はねェ、花園へ帰っていくのさ」。ムーミンは「花園？」と聞き返す。するとパパはこたえる。「そう、海の花園へね。あの帆に書いたパパの詩は、海への贈りものなんだよ」。

第II章　理想と現実

ムーミンパパの感傷

　ムーミンパパはその翌日、早く目が覚めてしまって、寝不足のままもう眠ることができなかった。しかたなく、かれは早朝の散歩に出かける。そして海辺を歩いていると、波打ちぎわに昨日の模型船が流れ着いていた。しかし、嵐にでも遭ったのか、帆につづった詩は波に洗われてすっかり消されている。しかも、船はあちらこちらに傷を負って、全体が砂まみれになっているではないか。それを見たムーミンパパは、傷んだ船がかわいそうになり、それをやさしく取り上げる。そしてかれは、今回の航海を終えてくれたことに感謝して、道すがら摘んできた一輪のバラをその帆船に挿し、再び海へもどしてやる。その後、ムーミンパパは家にもどり、ようやくまた眠ることができた。ところが、このことによって、ムーミンパパがまったく予想もしなかった方向に、話が急展開する。

　同じ日のこと、ミイはミムラ姉さんと海辺の散歩を楽しんでいた。そして、昨日ムーミンパパが海に贈った帆船を発見する。「ウェー？　ムーミンパパの船だ！」もちろんミイは、早朝ムーミンパパが海辺に行ったことも、そこでかれが何をしていたのかも、まったく知らない。「なァーんだ。花園へ帰るとかなんとか、キザなこと言ってたけど、もどってきたじゃない……ヤーッハッハッハッハ！」こう叫びながら、ミイは波打ちぎわに漂っていたムーミンパパの帆船を拾いに、バシャバシャと水をかきわけながら近づいていった。ところが、拾いあげてみると、船の上にはバラが一輪おかれている。しかもそれだけではなかった。帆に書かれていたはずの詩は、あたかも海がうけとったかのように、すっかりなくなっている。驚いたミイは、いつもの仲間を呼んで、ムーミンのところへ急ぐ。そして、よう

第 2 節　詩作の喜びと苦悩

やく眠りにつけたムーミンパパは、子供たちの大騒ぎによって
起こされることになった。

海からの返事

　ムーミンパパは寝ぼけたまま話を聞かされる。予想外のこと
であった。しかし、どうやら子供たちは、海と語り合うことに
興味を示しているようだ。そう思いつつ、ムーミンパパはまだ
ボォーッとした頭で、テーブルの上におかれていた自分の帆船
に驚いてみせる。これでミイやムーミンたちも詩を創るよろこ
びを感じとってくれるかもしれない。「んァー、あっ、赤いバ
ラ。これは！　実に、すばらしい……すばらしい」。ミイはい
ったい何がすばらしいのかと問いつめる。「海さ、海が返事を
くれたんだよ」。

　ムーミンは昨夜のことを思い出す。しかし、ミイはムーミン
パパが子供だましのような、いいかげんなことを言っていると、
その場で怒りだしてしまう。海が詩にこたえるはずはない。ミ
イはそう言ってムーミンパパに迫るのであった。それでも、な
んとか詩のすばらしさを伝えたかったムーミンパパは、熱心に
語って聞かせる。すると、ミイはかえって頑なになってしまい、
それなら試してみましょう、ということで、自分も詩を書いた
船の模型で実験すると言い出す。ムーミンパパは、予想もしな
かったこの反応に驚き、とても悲しくなる。なぜなら、実験と
か、試すとか、それらは詩を創るよろこびと、まったく別のこ
とであるのだから。それどころか、ミイがしようとしているこ
とは、そのよろこびを台なしにしてしまう。どうしてこんなこ
とになってしまうのか。ムーミンパパは自分が招いたこの現実
に絶望するほかなかった。しかし、ミイをはじめ、子供たちは

すでに走りだしている。約束の時間までに、それぞれが詩をつくって集まり、それで海を実験にかけようということになったのである。この現実を前に、ムーミンパパの悲しみはどこまでも深まっていく。

　しかし、子供たちのほうは大変である。本物の詩には海がこたえてくれる。自分たちもそんな本物の詩をつくってみたい。ミイをはじめとして、ムーミンもノンノンもスニフも、自作の詩が海にうけとってもらえるかどうか、なんとしても試してみたくなる。こうして、それまで海を実験にかけようとしていたミイは、ムーミンパパの船がもどってきた事件をきっかけに、実は自分を試してみようとしていた。つまり、気づかないうちにミイは、海を試すことから海によって自分を試すことへと方向転換していたのである。そしてムーミンたちも同じであった。約束のときまでに、各人が本物の詩をつくらなければならない。これはまさに競争である。誰の詩が海によって選ばれるのか、その勝敗はすぐに分かるだろう。ムーミンパパの抱いた理想は、こうして、子供たちの関心を詩作にむけた点では実現した。とはいっても、詩作のよろこびではなく、その義務と競争といった、苦しみを呼び起こす方向で実現したのである。

ミイの苦悩

　かくしてミイやムーミンたちの格闘が始まる。しかし、立派な詩など簡単につくれるものではない。考えれば考えるほど、子供たちはそれまで知らなかったような、とてつもない苦しみを味わっただけではなく、自分自身にたいする絶望にさいなまれる。約束の時間が迫れば迫るほど、かれらの苦しみは深くなり、詩を創るよろこびどころではなくなっていく。そして約束

第2節　詩作の喜びと苦悩

どおり、子供たちは海辺に集合する。かれらの交わした約束で
は、各人の模型船をもってきて、帆に書かれた自作の詩を発表
することになっていた。そこでミイは、まずムーミンから発表
するよう、ひどく強引に促す。

　しかし、ムーミンには最後まで、詩がつくれなかった。かれ
がそれを告白すると、ミイは激しく怒りだし、ムーミンを非難
する。そして次にノンノンに、さらにはスニフに発表するよう
命令した。ところが、この二人も詩はつくれなかったという。
「これじゃーもう、海が詩にこたえるのかどうか試せないじゃ
ないのよォ！」ミイはこう叫ぶ。実はミイ自身も詩がつくれな
かったのである。しかもミイは、自分が海を試そうとしている
どころか、自分自身が海に試される立場になっていることに気
づいていない。ミイが詩をつくれずに苦しんでいるのは、まさ
にミイが海に試される立場に立たされているからであった。ミ
イはこれに気づかないまま、友人たちに八つ当たりし、まさに
そうなってしまうほど、自分自身で苦しんでいたのである。

過去に支配される現在

　この一件が伝わると、ムーミンパパはひとまずほっとする。
とはいっても、子供たちは苦しみぬいているようであった。ム
ーミンの話によると、翌朝あらためて自作の詩をもちよること
になっているらしい。ムーミンパパの理想は、詩を創るよろこ
びを、子供たちと分かち合うことであった。夢と理想を、そし
てよろこびを与えるのが、詩人の使命にほかならない。ところ
がどうであろう。自分はそれとは反対の現実をつくりだしてい
る。ムーミンパパはその現実を前に苦しむ。海辺に流れ着いて
いた自分の船に、あのときバラをたむけたことを、子供たちに

第II章　理想と現実

告白したほうがよいのだろうか。しかし告白すれば、子供たち
は二度と詩を創るよろこびにむかわないであろう。それだけで
はない。自分は嘘つきとなり、かれらが「詩なんて単なる嘘
だ」と考えるのは、目に見えている。これは詩人の使命を完全
に裏切ることでしかない。ムーミンパパの悩みもまた、このよ
うに、どこまでも深くなっていく。

　ミイやムーミンたちは、約束を果たすために、徹夜の苦しい
詩作にとりくむ。かれらは悩みぬいているようであった。この
ため、いたたまれなくなったムーミンパパは、再び海辺へと出
掛ける。ムーミンパパには、いったいどうすればよいのか、ま
ったく分からなかったのである。ところが、呆然と海を眺めて
いると、気の強いあのミイが砂浜で泣いている。思わず駆けよ
ってみると、ミイは、詩をつくることのできない自分なんて、
居ても居なくてもいいような、つまらない人間なんだと言わん
ばかりに、絶望して泣いていた。このとき、ムーミンパパは絶
望の底に落ちていく。そして、船に挿したバラのことをついに
告白しようとしたとき、涙でいっぱいの目を上げたミイは、こ
ころの底からもれてくるような、かよわい声でうったえる。
「ねえムーミンパパ。海さんに読んでもらえるような詩って、
どうすれば書けるの？」この瞬間、ムーミンパパの告白は、完
全に断ち切られてしまった。しかし、その直後に「ミイ……教
えてあげよう、いやァ、一緒に創ろう！」と、ムーミンパパは
こたえる。というよりも、なぜかこたえていたのである。

甦る伝説のアリオン

　このとき、ミイの苦しみも、ムーミンパパの苦悩も、まるで
幻でしかなかったかのように、どういうわけか消えていた。そ

38

第2節　詩作の喜びと苦悩

して、二人が楽しそうに海辺を歩いていると、ムーミンが「おーい、パーパー、ミイ！　どーしたのさー、こんな夜中にィ？」と叫びながらやってくる。かれは詩をつくりあぐねていたのである。ノンノンやスニフも、たどたどしい自作の詩を詠みながら、海辺を歩いていた。ムーミンパパは、ムーミンとミイにこう語る。「オー、迷えるマメ詩人がまたやってきたぞ、しかも二人」。そして、ムーミンパパはかれらを呼びよせる。かつて、ムーミンパパが海に詩をささげたときには、子供たちが見るなかで、大人のムーミンパパだけが自作の詩を船の帆に書いた。しかし、こんどは子供たちを含めた全員で詩を創り、それぞれ海にささげようではないか。ムーミンパパはこのように考えなおす。

　しばらく後のこと、ようやく子供たちは各人の詩を完成させる。ムーミンパパによると、たましいのコトバは、立派そうでなくていい。「上手下手ではなく、こころがあるかないかが問題なんだ」。今の自分にとって、自分らしいコトバで詩を創ればいい。もともとそれしかできないし、立派でなくとも、そのコトバはそれだけで、たましいの詩になっている。子供たちは、こうしたムーミンパパの励ましにも促されて、それぞれ自分らしい詩を創り上げたのである。そして、各人が創り上げた詩を、海にささげるときがやってくる。

　ムーミンたちが海辺に集まったのは、水平線から日が昇る早朝であった。そして波打ちぎわから、帆に詩の書かれた模型船たちが、沖にむかっていっせいに出航する。朝の太陽は海一面に金色の光を反射させていた。子供たちの船はそこへ進んでいく。どの船も、まぶしい光の世界へとむかっている。ムーミンはそれをじっと眺めていた。すると、きらきらとゆれる沖合の

一角で、なにかが跳びはねている。それは美しいイルカであった。しかも、イルカの背中には伝説の、あのアリオンが戴せられているではないか。ムーミンの目には、その姿がはっきりと、はるか沖合に像をむすんだのである。ほかの誰もが輝く沖合を見つめていた。船のむかった光の世界に、それぞれ何かをはっきりと見ていたのである。こうして、驚きに目を大きくするムーミン、そしてムーミンパパの顔が画面いっぱいに現れ、この話はしずかに幕をとじていく。「赤いバラが一本、船はかならずもどってくる」。

第3節　過去を乗り越える

　この優れたメルヘン作品は、大切なことをストーリーの具体性によって見事に描き切っている。したがって、これ以上の解釈は不要かもしれない。それでも解釈の余地があるとすれば、ほんの小さな疑問に、いくぶんか輪郭を与えることだけである。ミイと一緒に詩を創ることにしたムーミンパパは、なぜあっさりと悩みから解放されたのだろうか。これがその小さな疑問である。ムーミンパパだけではなく、ミイもまた、この話では実にあっさりと苦しみを克服してしまう。話の結末で、ムーミンの目には伝説のアリオンが見えた。なるほどこれもまた不思議である。しかし、あっさりと消え去る苦悩とは何であったのか、これが分かれば、ムーミンの目にアリオンが見える不思議さも解消しそうである。

行き詰まりの二者択一

　疑問を解く手掛かりは、ムーミンパパはやはり嘘をついたこ

第3節　過去を乗り越える

とになるのではないか、という素朴な印象が与えてくれる。漂
着した帆船模型にバラをたむけたことで、ムーミンパパは結果
として子供たちを誤解させ、ミイを絶望においこんでしまった。
ミイによって帆船が届けられたときに、寝ぼけていたとはいえ、
ムーミンパパが本当のことを言わなかったのもまた事実である。
やはりこれは、嘘をついたことになるだろう。そして、ストー
リーでは、この嘘が一人歩きしている。子供たちの苦しみとい
う現実を前に、ムーミンパパがバラの一件について告白しても、
また告白しなくても、かれの詩人としての理想は崩れるのであ
った。それでも、告白するか、告白しないか、選択肢はほかに
ない。そして、いずれを選択しても、詩を創るよろこびを子供
たちと分かち合うという理想は、たちまちにして崩れ去る。ム
ーミンパパを苦しめたのは、まさにこうした、いわば行き詰ま
りの選択であった。しかし、実のところ、この絶望的な二者択
一はムーミンパパの理想とは関係ないのである。なぜか。この
点について考えてみたい。

　通常の理解からすると、過去になされたことの意味は、すで
に過去の時点で決まっている。それを現在のつごうで与えよう
とすれば、たんなる言い訳か嘘になる。たしかに、早朝の海辺
で、ムーミンパパが漂着した帆船にバラを挿したとき、何か特
別な意図があってそうしたわけではなかった。傷ついた帆船を
いたわり、航海の労に感謝して、かれは一輪のバラをささげた
のである。しかし、後になってこれを告白すれば言い訳になり、
告白しないで隠していれば嘘になる。これが現実であり、現実
とはそういうものである。過去を現在のつごうで利用しようと
すれば、たとえその意図がどのようなものであっても、現実か
らの圧力や復讐を避けることはできない。だからこそ、ムーミ

41

第Ⅱ章　理想と現実

ンパパは苦しめられたのである。

実情そのものと弁解

　しかしながら、早朝の海辺で、なにかを利用する行為がなされていたのだろうか。そのときムーミンパパは、海とふれあい、船と語り合う詩の世界を、一人の詩人として生きていた。そのことじたいは、バラがどのような過去のいきさつで帆船に挿されたのかという、事後的な詮索とは無縁である。バラを挿したムーミンパパの行為には、詩の世界に固有な意味があり、その意味はいかなる現実にも左右されない。それだけではなく、詩の世界に固有な意味が、逆に現実を左右することもない。それは目の前の現実がたとえどのようなものであろうとも、現在のつごうなどとは無関係なのである。したがってそれは、もともと言い訳や嘘の材料になりえないどころか、子供たちの関心を呼び起こすための手段にもなりえない。ということは、もしもムーミンパパが、子供たちの関心を呼び起こすのに失敗した、ということで苦しむとすれば、それはただのまちがいであり、思い上がりにすぎないのである。

　たしかに、ミイはバラの一件を誤解して、自分が試される立場においこまれ絶望する。ムーミンパパがすぐにその一件について説明していれば、そのようなことはなかったであろう。しかしその説明は、詩の世界に固有な意味を、それとは無関係な現実によって葬るものである。それをしなかったことが、本当に嘘だということになるのだろうか。しかも、自分が試される立場においこまれるということは、詩人が本物の詩人として、たましいのコトバにたどりつくためには、けっして避けては通れない道であり、実は大きなよろこびへと至る最短の道にほか

42

第3節 過去を乗り越える

ならない。アリオンのような天才詩人でさえ、この道を素通り することはなかったであろう。むしろ一つひとつの作品ごとに、 その作品がささげられる星、海、そして森のささやきや小川の せせらぎから、いつも試される苦しみの道を歩んでこそ、万物 を魅了するたましいのコトバにたどりついたのである。極端な 話、ムーミンパパは、ミイがそうした道へと通じる狭き門を発 見したと理解しても、間違いではなかったとさえいえる。いず れにせよ、バラの一件を告白するかしないかは、ムーミンパパ とミイが救われることに、実は関係していない。関係している と思うことは、たんなる誤りか、理想を断念して共に救われよ うとする、ひどく安易な思い上がりだともいえる。

たましいのコトバ

　では、そもそもムーミンパパの理想は何であったろうか。そ れは詩を創るよろこびを、子供たちと共に分かち合うことであ った。そしてこの理想は、一輪のバラが現実にどのようないき さつで、ムーミンパパの帆船に挿されたのかということに、ま ったく左右されない。逆にまた、ムーミンパパの理想は、バラ が帆船に挿されたいきさつを左右することもない。これはむし ろ当然のことである。一人の詩人として、ムーミンパパが抱い た理想は、たましいのコトバで交流する、まさにそのよろこび を子供たちと分かち合うことであり、本当にそれだけであった。 子供たちからすれば余計なお世話であったとしても、ムーミン パパが理想を抱くことは、一概に悪いことだとも、大人気ない ことだとも言い切れないだろう。ところが、不思議なことに、 かれは子供たちにたいして、それまで一度もたましいのコトバ で語りかけてはいなかった。つまり、不思議なことに、ムーミ

第Ⅱ章　理想と現実

ンパパは子供たちにたいして、自分の抱く理想どおりに、たましいのコトバで交流しようとはしていなかったのである。かれはもっぱら星や海、そして船に、たましいのコトバをささげていた。

　星にささげられたのは、星にだけささげられるのにふさわしいコトバであり、他の誰からでもなく、ただ一人ムーミンパパだからこそささげる、かれだけに固有の、かけがえのないたましいのコトバであった。また、海にささげられたのは、海にだけささげられるのにふさわしいコトバであり、ムーミンパパだからこそささげる、かれ固有のコトバであった。それを披露することで、ムーミンパパは、子供たちにそのすばらしさを教えようとしたのである。しかしどういうわけか、ムーミンパパは、そのときのミイにとってだけふさわしく、またムーミンパパだからこそミイにささげる固有のコトバで、ミイに語りかけてはいなかった。絶望にさいなまれたミイが、ムーミンパパの場ちがいな告白を断ち切ったのは、むしろ当然のことであったのだろう。なぜなら、その告白は詩をつくることができないという、ミイがそのときおかれていた固有の現実と、まったく関係していなかったのだから。しかし、二人の苦悩は、ミイのひとことで消え去ってしまう。

　苦しみのなかで、ミイが心の底から呟いたのは、まさしく、たましいのコトバであった。それはムーミンパパにささげられるのにふさわしいコトバであり、他の誰からでもなく、ただ一人ミイだからこそささげる、その場に固有なコトバであったのだろう。たましいのコトバというものは、立派そうに見えなくていい。「海さんに読んでもらえるような詩って、どうすれば書けるの？」これはそのときのムーミンパパにささげられるの

44

にふさわしい、そしてミイだからこそささげる、まぎれもない、たましいのコトバであった。それどころか、ミイの呟いたコトバはムーミンパパの思い込みを一瞬にして切断し、かれが子供たちにどうしても伝えたかった、そもそも詩を創るという、つまり詩が詩として、その生命をうる場へとムーミンパパを突き返している。

　立派そうではないコトバだけが、たましいを呼び起こす場を創造する。そして、たましいのコトバが共感を呼び起こすその場からは、海や山、さらには星までも共鳴させる、一個の人間には及びもつかないほど美しい詩が創造される。こうした創造の場は、しかも、過去のいきさつやしがらみから切断されている。過去の支配力はむしろ、すべてが共感するこの現在において、未来にむけた創造の力へと変貌するのである。帆船に挿された一輪のバラは、過去の事実経過から断ち切られ、詩に固有な世界を創造する力へと変貌する。そして、切断された過去の支配力は、ムーミンパパと子供たちが生きる、この現在という場に甦ったのである。ムーミンパパが子供たちと共有したかったのは、もともとこうした共感の場であり、ましてや上手な詩をつくることではなかった。この点で、かれは自分自身の抱く理想どおりに、子供たちと接しているのではなかったのである。

未来のための過去

　詩人の使命は、他のたましいにたいして、変更を迫ることではない。自分を超えたものに打ちのめされ、それでも堪えぬくことで、詩人はその格闘の軌跡を一つのかたちとして遺さなければならない。そして、詩人はまさにそのように格闘する、この現在にとどまる苦痛を、いさぎよくひきうけなければならな

第II章 理想と現実

いのである。まさしくこれが、ムーミンパパの思い抱く理想に
ふさわしい、詩人の使命であったといえるだろう。しかしかれ
は、もともとそのような理想とは無縁であったミイによって、
自分の理想どおりの使命に、あらためて気づかされる。追いつ
められたミイは呟いた。「ねえムーミンパパ。海さんに読んで
もらえるような詩って、どうすれば書けるの？」そして、たま
しいのコトバでささげられた詩には、かならずこたえが返って
くる。「教えてあげよう、いやァ、一緒に創ろう！」ムーミン
パパは気づいてみると、なぜかこのようにこたえていた。過去
の支配を切断する共感の場は、教えることによってではなく、
創ろうとする行為によってしか創造されない。詩を創る現在は、
まさにこの瞬間、ムーミンパパとミイのあいだで、ようやく分
かち合われたのである。

　　理想は実現してしまえば
　　もはや理想ではなくなる
　　いかに得ようとしても
　　けっして得られないからこそ
　　それは理想であるのだろう
　　しかし理想は
　　いつもすぐ手もとにあり
　　わたしたちをつつみこんでいる

　バラの一件は、過去の時点でその意味が決まってしまうよう
な、理想とは無縁の薄っぺらな一事実ではなかった。その意味
は、ムーミンパパが子供たちと何をどのようにしていくかによ
って、これから決まっていく。逆説的にも、理想にむけた過去

の意味を決めるのは、常に、未来へ踏み出そうとするそのつどの現在なのである。過去の変更はかならずしも矛盾とはかぎらない。否、むしろ、それがいかに困難なことであろうとも、過去は矛盾なく克服されなければならないのである。

理想と現実の接点

　アウグスティヌスが告げていたように、どのようなことであれ、人間はそれを徐々にしか知りえない。このため、特定の段階で判断しようとすると、求めていることが矛盾しているように思える場合もある。なるほど、人間には矛盾を犯す言い訳や、嘘をつく自由さえある。とはいえ、最善を尽くそうとするかぎり、矛盾を犯してはならない。過去に為されたことは、けっして矛盾を犯すことなく、未来にむけて克服されなければならない。過ぎ去る現在という時間の人間的な真相とは、無への「転落」であるとともに、未来の創造へむけた過去の「克服」なのである。

　詩に固有な理想の世界は、まさしく以上のような仕方でのみ、しかしそのような仕方であればいつも、わたしたちの生きるこの現実と接している。「すべての過去を結集しつつ、予測不可能な未来の獲得にむけて、眼前の現実に挑むこの現在」。こうした現在だけが過去を克服し、まだどこにも存在しない理想の実現にむけて、わたしたちが未来を創造する突破口を切り開く。だからこそ、理想は現実とは明確に区別され、しかも現実がむかうべきものとして、いつも追い求められているのではなかろうか。それは、いかに得ようとしても、けっして得られないからこそ、まさに理想である。しかし、理想はいつも、すぐ手もとにあり、わたしたちをつつみこんでいるのである。

第II章　理想と現実

　たましいのコトバでささげられた詩には、かならずこたえが
返ってくる。ムーミンの詩を運ぶ船は、まぶしい光の世界へと
むかっていった。そして、きらきらとゆれる沖合の一角に、美
しい伝説のイルカとアリオンの姿が、はっきりとその像をむす
ぶ。ムーミンはかつて、星空に光り輝くひし形を、そして夜空
を旅するイルカを天空の一角に創造していた。かれはそのとき
と同じように、たましいのコトバにたいして海がなげかえす、
そのときのムーミンにふさわしい海からのこたえをうけとって
いる。ムーミンは、自分が挑む「現在」の無から創造された、
かれに固有な詩作の理想を、きらきらとゆれる沖合の一角から
うけとっていたのである。

第Ⅲ章

希望と創造
おちてきた星の子

第1節　理論と現実の関係

　西洋哲学の長い歴史は、ほぼ12世紀の末から13世紀にかけて
激動し、かつてないほど大きな変貌をとげている。12世紀の後
半に、それまでは失われていた古典古代の学問的な遺産が、イ
スラーム世界から西ヨーロッパへと流入したからである。古典
古代とは、ギリシア、ローマのことであり、これはいうまでも
なくヨーロッパ文明の母体である。ところが、西ヨーロッパで
は古代末期の混乱をつうじて、その遺産の多くが失われていた。
他方、ギリシア・ローマの遺産は、イスラーム圏に継承された
だけではなく、そこで独特の発展をとげている。これが12世紀
の後半になると、イスラーム圏という文化的な先進地域から、
怒濤のように押しよせてきたのである。そのなかでも、アリス
トテレス（前384—322年）の膨大な学問的遺産は、想像を絶す
るほどの衝撃を当時の西欧世界に与えたようである。しかし、
西ヨーロッパの人々にとって、アリストテレスの壮大な哲学体
系は、あらゆることを合理的に説明しつくしているように思わ
れただけではない。その哲学体系は、当時まで連綿と培われて
きたキリスト教の信仰を、根こそぎ打ち砕くような内容にみち
ていた。このため、アリストテレスの哲学体系をはじめとする
古典古代の学問的な遺産は、その扱いをめぐる深刻な問題を西

50

第1節　理論と現実の関係

欧世界につきつけることになる。

古典古代の衝撃

　西ヨーロッパでは当初、キリスト教の信仰を乱すものとして、アリストテレスの異教的な哲学を危険視し、これを弾圧する姿勢で臨んでいる。しかし、その圧倒的な威力に、いつまでも抵抗しつづけることはできなかった。西欧世界はやがて、アリストテレスの哲学を、キリスト教の信仰と共存できるような仕方で吸収しようと努力するようになっていく。これは幕末から明治にかけての日本が、しばしば和魂洋才と表現される方針で、伝統的な価値観を守りながら西洋の圧倒的な科学技術や社会・政治制度を吸収しようとしたことによく似ている、ともいえそうである。が、いずれにしても、13世紀の西ヨーロッパは、異教の哲学とキリスト教の信仰という、いわば水と油ほどに相容れない両者を何とか両面的に生かそうとする。そして、実に困難なこの課題を引き受けたのが、アルベルトゥス・マグヌス（1206／7―1280年）とその弟子トマス・アクィナス（1224／5―1274年）であった。

　分かりやすさのために単純化して説明すると、アルベルトゥスはアリストテレスの哲学がキリスト教神学の問題に適用されることを制限し、哲学と神学との分離による解決を図る。そして、かれは伝統的なアウグスティヌスの学説を信仰と倫理・道徳の問題に適用し、医学については古代ギリシアの遺産であったガレノス（129―199年）とヒッポクラテース（前460頃―375年頃）の両学説を、また自然学に関してはアリストテレスの学説を採用する。アルベルトゥスはこのように、諸学問をそれぞれの領域に配分することによって、上記の困難な課題にこたえよ

第III章　希望と創造

うとした。特に重要なのは、医学、自然学という経験的な学問研究が、価値的な優劣はともかくとしても、このとき神学と並び立つものとして導入されたことである。しかし、トマスは信仰（神学）と理性（哲学）との分離による調停策をさらに超えて、両者の有機的な総合という路線を推し進めていく。その全貌を描くことはとうてい不可能なので、ここではその一例だけを、しかも大胆に簡略化して紹介することにしたい。

トマス・アクィナスの業績

　トマスの膨大な学説のなかに、今日ではしばしば、哲学の専門用語で「宇宙論的な神証明」と呼ばれる議論がある。これは名称どおり、神が存在することの証明であるが、その道具立てはアリストテレスの理論装置であった。そして、神の存在を証明するとはいっても、その手順は人知を超えた啓示や普遍的な概念から始まるのではなく、逆にわたしたちのよく知っている経験的な事実の確認をいとぐちとしている。まさにこの点に、アリストテレスの経験主義が反映しており、当時としては画期的なものであったと推察される。しかし、それはどのような証明であったのだろうか。

　わたしたちが住むこの世界には、運動が認められる。宇宙（世界）の至るところで、さまざまな事物が現に運動している。この事実を前にして、経験的な事実はそうなっていない、と否定する者はまずいないだろう。ところが、生き物であればともかく、単なる事物は運動の原因をそのもののうちにもっていない。運動の原因は運動する事物の外にある。そして、特定の事物を動かす原因になっているものが何であるかを求めていくと、はじめに注目した運動する事物とは別の事物であることが分か

52

第1節　理論と現実の関係

る。ところが、運動の原因になっている別の事物もまた運動しており、その運動の原因はさらにその外に求められる。こうして、動かすもの、すなわち運動の原因と考えられるものは、つねに運動している事物の外側にあり、原因となっているのは別の事物であることが分かる。言い換えると、運動の原因は、事物から別の事物へと連なる、果てしない系列をなしているのである。

　さて、原因の系列は、どこまでさかのぼるのであろうか。一つの可能性として、その系列は無限であると考えられる。もう一つの可能性としては、その系列は有限で、最初の項（原因）があると考えられる。ここで示された二つの可能性は、もはや経験的な事実から一方に決められるものではない。が、しかし、論理のうえではいずれか一方であろう。そして、仮に原因の系列が無限であり、究極の原因が特定できないのであれば、この世界で現に事物が運動していることの合理的な説明は不可能となる。他方、原因の系列に最初の項があるならば、事物が運動している事実は合理的に説明される。たしかに、合理的な説明を断念するか否かは自由である。しかし、後者の「第一原因」と呼ばれる系列の初項があるならば、第一原因として神が存在することと、事実についての合理的な説明は両立する。すなわち、信仰（神学）と理性（哲学）は表裏一体になって、有機的に総合されるのである。それゆえ、原因の系列に最初の項があると考え、また信じる理由は十分にある。

ドゥンス・スコトゥスの方向転換

　かなり強引にパラフレーズしたところもあるが、ほぼ以上がトマスの宇宙論的な神証明の骨子である。この証明にも現れて

第Ⅲ章　希望と創造

いるような仕方で、神学と哲学といった互いにまったく異質な知識が、トマスによって有機的に結びつけられている。しかも、宇宙には運動があるという、経験的とはいえ一般的な確認は、自然学の研究が進展すればするほど、数多くの具体的な実例によって裏付けを与えられていく。そして、信仰と理性との相補的な発展は、ますますその地歩を固めていくことになる。西欧の思想潮流は、このようにして激変の時代を生き抜き、後期中世への道を切り開いたのである。しかしながら、トマスの敷設した路線は皮肉にも、アリストテレス哲学の理解がさらに深まることによって変化の兆しを見せるようになる。その先鋒となったのが、ヨハネス・ドゥンス・スコトゥス（1265／6—1308年）であった。

　すでに述べたように、トマスの証明は運動が認められるという事実から、それを引き起こす原因を追究するものであった。これは事物が運動していることを「結果」として理解し、その「原因」を求めるといった、結果から原因を探る推理になっている。そして、結果から原因へとさかのぼる系列を、いわば直線的にたどる議論が、トマスによって行われていた。しかし、はたして経験的な事実が、このような〈原因-結果〉関係の系列で説明されるのだろうか。あえてこの点を現代的な例で考えなおしてみよう。

　たとえば、航空機の墜落事故が起こった場合、その原因は事実上きわめて複雑なものとなる。原因は電子系統の故障かもしれない。それ以外のメカニズムが故障したのかもしれない。両者が重なったことが直接の原因であった可能性もある。また、これらに先行する原因として、整備不良や根本的な設計ミス、メンテナンス上の見落としその他、さまざまなことが考えられ

る。これらが複合して、故障を引き起こしたのかもしれない。さらには、操縦の誤りやテロリズムなど、原因として想定できるものはいくらでもあり、実に多くのことが重なることで初めて事故につながったのかもしれないのである。このように、結果から原因にさかのぼろうとしても、各段階の原因を直線的な系列としてたどれるとはかぎらない。ほとんどの場合、原因へとさかのぼる系列は無数に分岐し、第一原因へむかう系列はさかのぼるほど茫漠としてしまう。この世界に見られる自然物の運動も、ここであげた例とは異なる面があるとはいえ、同様の事情になっていると思われる。

聖書が啓示する世界とは？

　もちろん、ドゥンス・スコトゥスが上記のような例で議論しているわけではない。しかし、趣旨としては、アリストテレス流の合理的な説明が限界をもつ点に着目している。結果から原因へとさかのぼる推理が妥当するのは、たかだか経験的な事実の範囲内であり、上述のように、その範囲でさえも厳密さは確保できない。ましてや、神の存在という経験を超えた領域で、結果から原因へとさかのぼる推理が厳密に成り立つとはいえない。したがって、哲学（理性）は、経験的な事実からさかのぼって、神学（信仰）の問題について厳密な結論を導くことはできないのである。推理が必然性を確保できるのは、結果から原因にさかのぼる場合ではなく、逆に原因（前提）から結果（結論）を導く場合だけである。このため、神学の領域には及びえない哲学は、神学から明確に切断されなければならない。ドゥンス・スコトゥスによると、哲学は合理的に論証される知識を与える学問であり、合理的な論証が不可能で、そもそも論証と

第III章　希望と創造

は無縁な問題領域に侵入してはならないのである。では、哲学から完全に切断される神学とは、いったい何を問題にする学問なのであろうか。

　一見すると神学は、聖書に記された啓示を扱っているため、哲学とは内容が大きく異なる。とはいえ、神学は、やはり知識の一種を与えている。そのかぎりでは、いずれも知識であり、両者の違いは認められない。しかしながら、神学は何かを「知る」ことが目的とされているのではない。それはわたしたちが従うべき行為の指針を示している。神学の目的はあくまでも「行う」ことである。専門用語で表現すれば、神学は「理論的な知識」ではなく、それとは区別される「実践的な知識」だということになる。かれはこうして、理論とは次元の違った実践的な世界を、神学の問題領域として想定している。合理性を超えた、そのかぎりでは不合理に見える神学の知識に、スコトゥスは固有な世界を認めたのである。現代ではたしかに、神学というと一般の人には縁遠い学問であり、その内容を詳しく知っている人は少ないだろう。そこで、実践的な知識とはどのような知識であるのか、この点をあらかじめ例示しておくことにしたい。これは準備作業なので素朴な具体例で解説することにしよう。

虚構と行為の指針

　彗星をいくつも発見した人によると、その人が夜空を眺めるとき、たった今、地球が星空のどの方向にむかって大宇宙を旅しているのか、いわばリアルタイムで実感されるということである。わたしたちは、たとえば列車の展望車両で、時々刻々と変化する景色の移り行きを車窓から眺め、自分が乗っている列

第1節　理論と現実の関係

車の動きを、瞬く間に逃げ去る風景のうちにまざまざと感じる。彗星の発見者たちは、しばしばこれと同様の感覚で、大地とともに宇宙のどこかへむかっていると感じるのであろう。言い換えれば、かれらは大宇宙を旅する地球の乗員であり、しかも研ぎ澄まされた感覚をもつ旅人だったのである。

　おそらく、大地の上を走る列車でも、その車掌ともなると、たいていの乗客が簡単に見逃してしまうような景色の細部を、かなり克明に眺めていることだろう。線路沿いの新しい建物に気づくとか、最近になって始まった踏み切りの工事に注意をむけるとか、あるいは他の鉄道路線と今から何分後に一番接近し、その路線を走る車両を見る機会が多くなるかなど、かれは同じ列車に乗っていながら、一般の乗客とは異なった見方で、異なった世界を見ている。彗星の発見者たちは、わたしたちと共にこの地球に乗り込んでいながらも、エキスパートの車掌が景色の隅々にまで及ぶ視力で周囲を見ているように、宇宙空間の旅を実体験しているにちがいない。そのような、繊細さに裏打ちされた強靱なイマジネーションこそが、かれらを彗星の発見者としていたのである。

　発見というと、幸運の代名詞であるようにうけとられる。たしかに、発見は努力の賜物である、といった教訓をよく耳にする。それでもやはり、結局は運の善し悪しが、新たな発見の決定的な要素にちがいない。率直にいって、このように思えるのが常である。しかし、イマジネーションを鍛える労力を運の善し悪しに置き換えてしまうことは、その労力だけが与えてくれるスリリングな宇宙旅行の断念を意味する。

　なるほど、以上の話は単なる比喩である。また、彗星の発見を列車での旅や宇宙旅行に見立てることで、教訓めいた説得を

第Ⅲ章　希望と創造

しているとうけとるならば、以上の話はまったくの不合理であり、虚構の典型にほかならない。それでも、合理性を欠いた虚構を含むという理由から、この種の比喩を端的に無意味なものと断定できるだろうか。この比喩はやはり、意味のある行為の指針と、行為が織り成す固有の世界を描き出している。そして、外見上は不合理な内容をもつ知識ということであれば、ほかにも数多く存在する。文学の大半は理論や合理性とは無関係だといってよいだろう。それらは事実にもとづいているのではない場合も少なくない。そこにはしかし、理論的な知識とは異質な、作品固有の世界がある。しかも、作品が描き出す世界は、合理性だけで組み立てられるものとは次元の異なった、とても大切な事柄を示している。今からとりあげるのは、そのようなことを、あらためて考えさせてくれる一つの物語である。

第2節　流れ星に託す願い

　ここでとりあげるのは、流れ星をめぐる美しいメルヘンである。

流れ星の伝説

　ストーリーは、庭におかれた安楽いすで、ムーミンパパが居眠りをしている場面に始まる。そこへ何かを手にしたムーミンがやってきて、父親の書斎にある音楽事典を見せてもらいたいと頼む。ムーミンが手にしていたのは、かれが近ごろ水草の茎で作った自作の笛であり、どうにも上手く音が出てくれない。それでかれは、父親の大きな音楽事典を調べれば、音を出すための技術や、笛の改良法が分かるのではないかと考えたのであ

第 2 節　流れ星に託す願い

る。

　自分自身で創意工夫しようとするムーミンの申し出に、ムー
ミンパパは快く応じ、書斎に入って本を調べてもよいことにな
る。許可をもらったムーミンは、愛犬のメソメソと共に、さっ
そく音楽事典を探しに行くのであった。しかし、調べることに
なったのは、手にあまるほどぶ厚い事典であり、知りたいこと
が記された項目を射当てるのは、とても大変である。そうこう
しているうちに、メソメソが一冊の本をくわえてきて、ムーミ
ンにそれを読んでもらいたいとせがむ。項目調べに忙しいムー
ミンとしては、そのようなことにかまってはいられない。それ
でも、あまりにねだられて、メソメソのもってきた本を少しだ
け読んでやることにする。それは星占いの本であった。

　ところが、声に出して読み始めたムーミンは、その本に書か
れていたことに心を奪われてしまう。書かれていたのは、流れ
星にまつわる伝説であり、その伝説によると、流れ星を目撃し
た者は一つだけ希望がかなうらしい。しかし、流れ星が現れて
から消えるまでの、ほんの短いあいだに願いごとを唱えなけれ
ばならないということである。

　こうして、流れ星の伝説を知ったムーミンは、音楽事典を調
べることはもとより、水草の茎笛などはどうでもよくなってし
まう。これからは夜空を観察して、流れ星を見つけ、銀の笛を
希望することにしよう。かれはそのように考えを変えたのであ
る。そして、ムーミンの夜を徹した星空の観察が、その日から
始まる。とはいえ、流れ星というものは、それほど簡単には見
つけられない。心が先走るだけで、ひたすら星空の気まぐれを
待たなければならなかった。そういうわけで、友だちのノンノ
ンやミイが遊びにきても、ムーミンは徹夜の観察に疲れて、昼

間はいつも眠っている。かれはそのように、不自然な日々を過ごしていた。それでも星空の観察はつづけられる。が、星は流れてくれない。

お願いの失敗

　寝室の窓から観察していても、流れ星を発見するには、まだ不十分かもしれない。あるときムーミンはそう考え、今度はムーミン谷のなかでも星空にいちばん近い、おさびし山の頂上に行けば、流れ星を見つける機会はきっと多くなるだろう。こう思い立ったムーミンは、またメソメソをつれて、かなりの重装備でそこに到着する。しかも、できるだけ星空に近くなるようにと、高い樹に登って観察を始めたのである。「ここならよくお星さまがみえるぞ！」自力で幸運をつかむのは大変なので、せめてそれに近いところに行ってみようという、よくありがちな姿勢だともいえる。そして、ムーミンは眠い目をこすりながら、今日もだめかと思いつつ、ねむけざましのコーヒーを飲もうとした。するとそのとき、コーヒーの表面に、突然、強い光が反射する。

　ムーミンは、あわてて夜空を仰ぎ見た。すると眩しいほどに輝いた星が、一条の軌跡を描き、あっという間に流れ落ちる。一瞬のことであった。このときムーミンは、あまりの驚きに足をすべらせて、樹の上から真っ逆さまに落ちてしまう。準備よく命綱をつけていたことで、けがはなかったものの、願いごとを唱えるどころではなかった。こうして、銀の笛はまたしても、かなわぬ夢となったのである。

　残念がるムーミンであった。「でもおしかったなぁ、ぼくの願いをかなえてもらう、せっかくのチャンスだったのになぁ」。

第2節　流れ星に託す願い

ところが、周囲を見渡してみると、草むらの一角がぼんやりと輝いていた。近づいてみると、その一角からは今まで見たこともない、不思議な光彩が放たれている。そしてそこには、淡い桃色の、それでいて目が眩むほどに輝く、ある小さな生き物が、恐れたようすで身をかがめていた。「星の子だ。そうかァ、さっきの流れ星はきみだったんだネェ」。ムーミンはそう呟きながら、ふるえる星の子をやさしく手にとる。そして、自分の家にかくまうことにするのであった。こうして、星の子はムーミン家のたきぎ小屋に招かれ、世話をしてもらうことになる。ムーミンは、この突然のお客さまのために、心地よいベッドを作って大切にもてなそうとする。しかし、古くなった小屋の屋根には穴が空いていて、そこから満天の星空が顔をのぞかせていた。ふと気づいてみると、星の子はそちらを見上げて、故郷が恋しいのであろう、悲しそうに泣いている。星の子はとめどもなく涙をながしていたのである。ところが、その涙はひとしずくごとに水晶のような美しい宝石に変わり、シャリン、シャリンと、金属音にも似た、えもいえぬ音を響かせながら床一面に

転がっていく。しかも、一粒一粒が、まばゆい光線を辺り一面に放っていた。

幸運と悲しみ

　ムーミンは、まるで奇跡のような光景に驚きつつも、故郷の星空がよく見えるように、屋根の穴に近いところへと星の子を移してあげる。すると星の子は、それまで以上に激しく涙をながす。こうして、たきぎ小屋は、まるで宝石箱のように、水晶のまばゆい光に包まれていく。ムーミンは単なる偶然から、思いもよらなかった奇跡の幸運を、ほんの一夜にして手に入れたのである。ムーミンパパやムーミンママ、友人のノンノンやミイ、そしてスニフたちも、騒ぎに気づいてそこへやってくる。「んーむ、星の涙は美しい水晶玉に変わるという伝説を聞きましたが、これほどすばらしいものとは思わなかった」。ムーミンパパはこう語り、友人たちは一面を埋め尽くした宝石を拾い集め、ムーミンにたのんで、各人がもちかえることになる。そして、美しい涙の宝石は、首飾りとなり、シャンデリアとなり、また部屋を飾る装飾となるのであった。

　ところが、夢のような一夜が終わろうとするころ、星の子に与えるための夜つゆを小屋にもち帰ったムーミンは、またしても奇跡のような光景を目にする。朝日が小屋に差しこむにつれて、一面を埋めつくしていた宝石は、一粒ずつ、プチン、プチンという金属音にも似た高い音をたてながら、あっけなく消えていったのである。涙の宝石はこのように、たった一晩だけの、美しくも儚い、どこか幻のようなものであった。

第 2 節　流れ星に託す願い

ムーミンの後悔

　さて、夜が完全に明けると、宝石をもちかえった友人たちが
ムーミンのところへ押しかけてくる。かれらはムーミンがひそ
かに宝石をとりもどしたのではないかと疑っていた。そこでムー
ミンは、早朝の出来事をかれらに語り、涙の宝石がもつ秘密
をうちあける。それでも、今日もまた夜になれば星の子がたっ
ぷりと涙をながしてくれるから、何も心配することはない。ムー
ミンは気前よく、友人たちにそう言うのであった。そして夜
がやってくる。

　ふたたび集まってきたムーミン谷の住人たちは、予想どおり、
たきぎ小屋がまた水晶玉に埋めつくされているのを見て大よろ
こびする。すこし遅れて、今日はスナフキンが現れ、涙の宝石
を一粒だけ拾いあげる。ムーミンは「すばらしいだろ！」と自
慢そうに言う。するとスナフキンは、ムーミンにむかって語る。
「んーむ、実にすばらしいよ。だから涙はもっと大事にしたい
もんだね」。そしてスナフキンは、涙の宝石をもとのところに
おくと、無言のまますぐに立ち去っていく。ムーミンはこのと
き、胸のおくに突き刺さるような、言いようのない衝撃をうけ
る。しかもその夜、かれは悪い夢にうなされるのであった。

　ところどころにしか色のない、いかにも夢のなかのシーンで、
ムーミンママが顔をおおって泣いている。釣りに出掛けたムー
ミンパパの船が、嵐に遭って沈んでしまい、パパは死んでしま
ったということである。驚いたムーミンは海岸にむかう。する
と、沖合に沈没した船のなごりが見えただけでなく、ムーミン
パパ愛用のシルクハットが、波打ちぎわに流れ着いていた。本
当にパパは死んでしまったんだ。その現実を前に、ムーミンは
その場で泣き崩れてしまう。

63

第Ⅲ章　希望と創造

　しばらくして、ムーミンは近くに人の気配を感じ、涙あふれる目を少し上げてみる。すると、そこには、昨夜と同じようにスナフキンが立っていた。そして、かれはこう語る。「ムーミン、泣いてんのかい？　いや、きみが涙をながすなんて、おかしいよ。ひとの涙をもてあそんだんだ。ひとの悲しみをかえりみないでね。涙をながすなんて、おかしいじゃないか」。こう言い残して、スナフキンはムーミンのもとを立ち去っていく。追いかけようとしても、スナフキンの姿は小さくなるばかりで、かれは一人とりのこされてしまった。

　ムーミンはようやく悪夢から目覚める。かれは夢であって本当によかったと思った。しかし、夢とはいえ、スナフキンの言葉は衝撃であった。そしてこのときからムーミンは、星の子をどうにかして、悲しみから救わなければならないと考えるようになる。そのためには、地上に落ちてきてしまった星の子を、故郷の星空に帰してあげなければならない。星の子を救う方法はそれしかないだろう。そう考えたムーミンは、両親をはじめ、村人たちに協力を求める。

自滅的な救出作業

　ムーミン谷の住人たちは、それぞれが星の子の悲しみに無関心であったことを後悔する。かれらは皆、もともと思いやり深い人々であった。そんなわけで、まもなく星の子を救う計画が発案され、すぐに実行される。

　とはいっても、遠い星空まで、どうしたら行けるのだろうか。それは自分たちの力量をはるかに超えた企てにちがいない。それでも努力を惜しむことは許されない。そこで住人たちはさっそく、とてつもなく高いハシゴづくりに取り組むのであった。

64

望みは薄くとも、ともかくがんばらなければならない。ということで、どこから見てもヒューマニズムあふれる計画が、全員の協力で推し進められていく。しかし、その限界を思い知らされるまでに、それほど時間はかからなかった。無残にも、組み立てられたハシゴは、あっけなく崩れ落ちたのである。

その後、こんどはスノークが、ロケットによる計画を提案する。王立学習院の出身で、科学アカデミー会員のスノークは、科学の力によって星の子を星空にもどす以外、よい方法はないとうったえた。そして、かれの提案にしたがって試作されたロケットは、皆が見守るなかで発射実験される。しかし、この実験もまた失敗に終わった。ロケットは爆発して粉々になってしまったのである。しかも残酷なことに、たきぎ小屋にいた星の子は、その深い悲しみからか、しだいに弱っていく。そして、いまではその輝きも薄れ、息もたえだえになっている。皆の協力をよそに、もはや、なすすべがないように思われた。しかし時間はもう残されていない。こうして、科学の力もまた星の子を救えないことが、だれの目にも明らかとなる。

偶然のひらめき

このまま、ムーミン谷の無力な住人たちは、星の子を見殺しにするほかないのだろうか。しかしムーミンには、どうしても、あきらめることができなかった。「そうだ！ あの本の中に何か書いてあったような気がするョ」。ムーミンは星占いの本に最後の期待をかけたのである。そして、かれは父親の書斎にむかう。ところが、本はなかなか見つからない。よく探してみると、星占いの本は棚の高いところにおかれていて、ムーミンには手がとどかなかった。そこで、かれは急いで脚立をもって

第Ⅲ章　希望と創造

くる。そしてそれに駆け登り、かれは星占いの本をとろうとする。ところが、ひどくあわてていたので、ムーミンは脚立から真っ逆さまに落ちてしまう。おさびし山の頂上で、流れ星を見たときのようにである。

　脚立から落ちるムーミンは、その一瞬、ある一つのことに気づく。流れ星はムーミンの願いをかなえてくれるはずであった。願いをかなえてくれる、あのときの流れ星は、今たきぎ小屋にいる。たしかに、まもなく死んでしまうほど、星の子は輝きを失いかけている。とはいっても、まだ生きている。輝きは今でも消えてはいなかった。伝説によると、流れ星を見たとき、その流れ星が現れてから消えるまでのあいだに、こころのなかで唱えられた願いごとは必ずかなう。「そうだ！　あの星の子には、一度だけぼくの願いごとをかなえる力が残ってるんだ」。脚立から落ちて、ずいぶんと痛い思いをしたムーミンであったが、かれはこのとき気づいたことに、すべてをかけようと心に決める。そして、かれはすぐに星の子を抱え、おさびし山へと急ぐ。

　ムーミンの後に、ほかの住人たちもついていく。もちろん、ムーミンは真剣そのものである。そしてようやく頂上に到着する。夕暮れどきになっていた。そのもとで、ムーミンは願いを唱える。「お星さま。星の子を空の仲間のところへ返してあげたいんです。お願いします」。こうしてムーミンは、たった一つだけ許された、かけがえのない願いを、星の子が救われるために唱えたのである。そしてムーミンパパをはじめ、ムーミン谷の仲間たちは、そのようすをじっと見守っていた。

第2節　流れ星に託す願い

本当の救い

　夜の闇がだんだんと迫ってくる。そして空に星々が現れはじめる。故郷を間近に見た星の子は、弱りながらも、とてもうれしそうであった。すると、またたき始めた遠い星空から、虹のような光を放つ神秘的な帯が、ゆっくりとムーミンのところに降りてくる。「ありがとう、お星さま！」　目が覚めるような出来事であった。だれもが驚きに声を失っている。そうしたなかで、ムーミンパパはつぶやく。「ムーミンの願いは、かなったようだな」。

　虹の光線はやがてムーミンと星の子をすっぽりと包む。そして次の瞬間、神秘の光に包まれた星の子は、光の帯に護られながらどこまでもどこまでも昇っていくのであった。ムーミンパパは、ムーミンに問いかける。「ムーミン、銀の笛が欲しかったんじゃあないのかね？」しかし、ムーミンは黙っていた。故郷の星空に帰ってゆく星の子は、とてもうれしそうで、ムーミンたちにほほ笑みをむけている。そして、久しぶりにムーミン谷の住人たちは安心をとりもどし、それぞれもとの生活にもどっていく。

　翌日の夜、ムーミンは星空を眺めながら水草の茎笛を手にとり、銀の笛が夢に終わったことにがっかりする。しかし、かれは水草の茎笛を、美しく響かせようと思いなおすのであった。「草の笛だっていいんだ」。そんな思いを感じとっているかのように、ムーミン家のかたわらで、スナフキンがギターを奏でている。そして、澄みわたったギターの音色に彩られつつ、この話は終わっていく。

第Ⅲ章　希望と創造

第3節　伝説が告げる真理

　流れ星をめぐるメルヘンは、ほぼ以上のようなストーリーであった。しかし、願いの真相を語るかのような、この美しい話は、何を語り示しているのであろうか。このメルヘンについてもまた、疑問や理屈っぽい解釈などは、まったくもって無用のものであろう。それでも考えてみたくなる。落ちてきた星の子をめぐるこのメルヘンは、願いの真相をどのように示しているのだろうか。美しくも儚い涙の宝石は、わたしたちに何を告げているのか。そして特に、ムーミンの願いをかなえてくれる流れ星のために、願いそのものを用いるというのは、いったいどういうことなのか。理屈だけからすると、これは不合理としか思えない。しかし、そこには作品固有の世界へと迫るための、重要な手掛かりが潜んでいるのかもしれない。

謎めいた展開

　星の子はムーミンの願いをかなえてくれる、かけがえのないものであった。そのかけがえのないもののために、ムーミンはたった一つの願いを、心から唱えたのである。願いをかなえてくれるもの、すなわち落ちてきた星の子へと、かれは自分の願いを返している。言葉で表現してみると、このメルヘンが伝えるストーリーはこのように、どこか謎めいている。しかもこの謎めいたところが、話の核心であるようにも思える。最後にムーミンは自作の茎笛に関心をもどすのであった。この結末もまた、謎めいた核心部分が明らかになることで、はじめて本当の焦点をむすぶのではないか。

第3節　伝説が告げる真理

　まず、美しくも儚い涙の宝石を、ムーミンはどのようにして手に入れただろうか。それは思いもよらぬ偶然の賜物であった。自分の努力とは無縁に、たんなる幸運から、かれには無数の美しい水晶がもたらされている。しかしその宝石は、星の子が悲しみの涙としてながしたものであり、悲しみを代償に得られた貴重な品物であった。誰かの悲しみによって得られたものは、たとえどれほど美しいものであっても、それどころか、美しいものであればあるほど儚い。それを得た幸運は、一夜の夢でしかないのである。願いとは、しばしば、そうした幸運にむけられるのではなかろうか。そして、わたしたちはその種の幸運に恵まれた場合に、誰かの悲しみが代償になっていることに気づかない。涙の宝石にあふれた小屋で、ムーミンたちが驚喜するシーンは、わたしたちのもつ、そうした残酷な一面を冷徹に描いているかのようである。

　では、代償とされた悲しみは、どうすればいやされるのであろうか。星の子は自滅的なヒューマニズムによっても、また科学のもたらす高度な技術によっても、けっして救われることがなかった。ムーミンの仲間たちが即座に気づいた企ては、かれらの真剣な努力にもかかわらず、弱りゆく星の子を救えないまま、ことごとくついえさったのである。そしてムーミンだけが、もっとも基本的な、そして誰も気づかなかった大切なことに気づく。

伝説を伝説の世界へ

　流れ星の伝説は、わたしたちにはおよびもつかない、神秘の世界を語り示している。それはおそらく、わたしたち人間にのみ有効なヒューマニズムや、科学の力とは無縁な世界を、まさ

第III章　希望と創造

に固有のものとして描いているのである。もともとその世界に
固有なことは、それとは別の企てを強いるかぎり、かえって損
なわれるほかない。伝説は伝説のもつ力によってしか、その神
秘にみちた、それでいてわたしたち人間の真相を示す姿を明か
してはくれないのである。それゆえ、合理性を求める姿勢も経
験的な知識も、伝説が告げる事柄からは切断されなければなら
ない。実際、ムーミンは星の子をたすけるために、科学やヒュ
ーマニズムにではなく、流れ星の伝説そのものにうったえてい
る。流れ星が現れてから消えるまでのあいだに、流れ星に託さ
れた願いは必ずかなう。これは伝説そのものが語っていること
である。そして、手のとどかない星空からムーミンのところに
落ちてきた流れ星は、まだ消えていない。星の子は今でも微か
な光を放ち、手のとどくところで生きている。だからこそムー
ミンは、願いをかなえてくれる、その流れ星のために願うので
あった。「お星さま。星の子を空の仲間のところへ返してあげ
たいんです。お願いします」。

　星の子を故郷の星空へ、すなわち本来の場所へもどすために、
伝説によって許された一度だけの願いを、ムーミンは唱える。
落ちてきた星の子という、願いをかなえてくれるもののもとへ、
願いそのものを送り返す。ムーミンは大切なたった一つだけの
願いを、そのために用いるのであった。これによって星の子は、
わたしたちにはとうてい手のとどかない、厳かな星空へ帰る。
が、同時にまた、ムーミンは自分の願いを本当にかなえてくれ
るもののもとに、願いそのものを返していたのである。

願いをかなえてくれるもの

　願いを本当にかなえてくれるもの、それは一見つまらないも

70

第3節 伝説が告げる真理

のではあっても、水草の茎笛に工夫を加え、また笛の吹き方に熟練していこうとする創造的な行為にほかならない。誰かの悲しみを代償としない幸福。それを実現するものがあるとすれば、おそらく、ムーミンが最後にもどっていった水草の茎笛への取り組みのような、日々の創造的な行為をおいて、ほかにはないのであろう。願いをかなえてくれるもの、それはすぐにでも手がとどくところにあって、その輝きを見る目がたとえ曇らされていても、けっしてまだ輝きを失ってはいない。それは自分自身の創造的な行為であった。願いを本当にかなえてくれるもののもとへ、願いそのものを送り返す。そうした願いの真相を、この話はそれとなく示していたのである。

わたしたちにとって、何かを願いつつ生活することは、いうまでもなく大切なことである。願いなしに生きなければならないとすれば、それは生きるに価しない人生だともいえそうである。しかし、わたしたちはしばしば、願いを際限なくふくらませて、幸運に恵まれないと、それだけであたかも不幸であるかのように思い込むものである。善悪の問題を別にして、これはみずからを直視したときに分かる、わたしたち人間の真相にほかならない。そして、偶然の幸運から幸福を得たときにも、どこかでその代償が払われているのではないかという疑問を、あまりもたないというのが、人の世の常ではなかろうか。流れ星の話は、願いをめぐる人間の真相をそれとなく、しかし冷徹なまでに示している。ムーミンは、星の子がその光を失わないうちに、願いをふさわしいところに返した。かれは光あるうちに、光の中を歩みはじめたのである。星空から降りてきた虹色の光は、そのことを語るともなく、静かに伝えているのかもしれない。

第Ⅲ章　希望と創造

　　星空の輝きは
　　願う者に
　　その美しさを与えてはくれない
　　天でまたたく夢の宝庫は
　　人の営みを遥かに超えている
　　きらめく星々の動きはそれでも
　　わたしたちが住む大地の動きを
　　そしてわたしたち自身の真相を
　　いつも厳かに映し出している

　流れ星のメルヘンは、願いをめぐる人間の実像を冷徹なまで
に描くと同時に、願いを本当にかなえてくれるものの真相をそ
れとなく示していたのである。そしてこのメルヘン作品は、か
つてドゥンス・スコトゥスが実践的な知識と理論的な知識との
切断によって、外見上の神秘を行為の世界として甦らせたダイ
ナミズムを、生き生きと描き出すことにもまた成功している。

第 IV 章

他人と自分
鏡の中のマネマネ

第1節 〈わたし〉とは何か

　哲学は多くの場合、とてつもなく抽象的な議論である。わたしたちは、もうそれだけで、哲学を敬遠してしまうのが常ではないだろうか。しかし、哲学の抽象的な議論のなかでは、一種独特の比喩が用いられていることが珍しくない。そして、たいていの場合、比喩に関しては常識をもとに理解がとどく。しかも、その種の理解可能な比喩は、過去の有名な哲学説の本質をよく特徴づけている。そこで本章では、比喩をもとにした哲学の議論に、少し立ち入ってみたい。

　哲学の歴史を眺めてみると、夢と現実をめぐる比喩、および鏡をめぐる比喩がさまざまな装いで登場する。たしかに、哲学の議論が現在まで用いた比喩は、探せばほかにもたくさんある。しかし、以上二つの比喩は、非常に古い時代から連綿とつづく、かなり異色のものだといえそうである。

眠りと目覚めの比喩

　古代ギリシアのヘラクレイトスは（第II章第1節）、ある書物を著したとされ、その断片が今日まで遺されている。そして、現存する断片群のうち、複数が真性のものと推定されている。その一つには次のように記されている。「ロゴスはここに示さ

第1節 〈わたし〉とは何か

れているのに、人々はそれを聞く以前にも、ひとたび聞いた後にも、けっして理解するようにならない。……目覚めた後に何をしているのかも、まさに眠っているあいだの行いを忘れているのと同じように、気づかれずにいるのである」。また、真性のものとされる別の断片では「眠っている者たちもまた、……働いている。すなわち、この世界で起こるものごとに協働して〔協力し働いて〕いるのである」と語られている。これら二断片は、見てのとおり、少なくとも一読では理解できない。そこで哲学史の専門家が与える解釈に頼ることにすると、ロゴスとはヘラクレイトスにとっての「真理」であり、また神そのものだということである。しかし、これでも、意味はまだ判然としない。これらの断片はいったい何を語っているのだろうか。

　あとでずばりイメージ化することを予告して、すこし複雑になるのを承知のうえ、試しにヘラクレイトスの断片そのものを分析してみよう。

　眠りと目覚めが対比されているのはまず間違いない。そして、最初の断片で「眠っているあいだの……と同じように」と表現されている点から、これが比喩であると理解するのが適切だろう。また、第二の断片で語られていることも、比喩ではないかと思える。とくに「眠っている者たちも……この世界で起こるものごとに協力し働いている」という言い分は、字義どおりには理解できそうにない。というのも、通常、わたしたちは眠っているとき、この世界で起こるものごとから離れ、夢の世界に入り込んでいるからである。しかし、比喩が用いられているからには、通常の感覚からすると理解しにくい内容が、わたしたちにとっておなじみのことに重ね合わせて語られている、と考えなければならないだろう。

第IV章　他人と自分

　第一の断片では「眠っているあいだの……と同じように、
〔目覚めた後に何をしているのか〕気づかれずにいる」となって
いる。この断片は「Aと同じようにBである」という形式にな
っているのである。このように表現する場合、Aは誰でもよく
知っていることで、それと「同じように」して分かりにくいB
も理解できる、といった表現上の意図が背景になっている。た
とえば、氷が解けると水になるのと「同じように」、岩石は高
温で熔岩となる。つまり、よく知られているAをもとにして、
日常生活ではあまり馴染みのないBが説明されているのである。
　以上のように整理して第一の断片を読みなおすと、まずは
「眠っているあいだの行いを忘れている」という箇所が、わた
したちにとって既知のことAに対応する。実際、これが分から
ない読者は、まずいないと思う。また、このAと「同じよう
に」説明されるBは、すなわち「目覚めた後に何をしているの
かも、……気づかれずにいる」ということである。ヘラクレイ
トスはこのBを、通常の感覚からすると理解しにくい内容とし
て、既知のAによる比喩で語っていると考えられる。というの
も、ここで仮に「目覚めた後に何をしているのかも、……気づ
かれずにいる」（B）が、もともと理解しにくい内容ではない
ならば、比喩で「……と同じように」と説明する必要はないか
らである。
　そして、「人々はそれ〔ロゴス〕を聞く以前にも、ひとたび
聞いた後にも、けっして理解するようにならない。……気づか
れずにいる」という文脈になっている。この文脈にしたがうと、
ヘラクレイトスが「気づかれずにいる」と語っているのは、
人々がロゴスを「聞く以前」の状態と「ひとたび聞いた後」の
状態に対応する。なぜなら、仮にそうでなければ、断片冒頭の

第1節　〈わたし〉とは何か

「けっして理解するようにならない」状態と、既知のAを用いた比喩で語られている「気づかれずにいる」状態とは、まったく対応していないことになってしまうからである。それゆえ、ヘラクレイトスが比喩の語法にしたがっているのであれば、人々がロゴスを「聞く以前」と「ひとたび聞いた後」は、既知の意味で「眠っているあいだの行いを忘れている」状態、すなわち通常の意味で「目覚めている」状態に対応する。そして、この対応づけが正しいとすると、ロゴズが示されて、まさにそれを聞いている状態は、通常の意味で理解される「目覚めた後」の状態をもとに、あくまでも比喩的に説明されていることになる。

幻影としての世界

　このように、ヘラクレイトスの用いている比喩は、けっして単純なものではない。一言で表現すると、かれが「目覚め」として考えているのは、ロゴス＝神をうけいれている状態なのである。これに対して、現に示されているロゴスを理解することなく、それに気づいていない状態は、この「目覚め」から区別されていることが分かる。また、比喩としての対応関係からすると、いわば宗教的なこの「目覚め」は、わたしたちからは「眠っているあいだの行い」でしかないものと理解（誤解）され、普段は忘れ去られているということになる。この点からすると、わたしたちが通常の意味で目覚めていると理解している状態は、むしろ「目覚め」から程遠いと考えられているのである。けれども、このとおりだとすると、ヘラクレイトス当人は、わたしたちが通常の意味で理解している"目覚めた状態"を、いったいどのように理解しているのだろうか。

第IV章　他人と自分

　第二の断片で、ヘラクレイトスは「眠っている者たち」が「この世界で起こるものごとに協力し働いている」と述べている。そして、おそらくこれは比喩であろうと、あらかじめ推定しておいた。しかし、以上のようなかれの発想を考慮すると、これが本当に比喩であるのかどうか疑問になってくる。というのも、第一の断片とは異なり、ここでは分かりやすいことをもとに、それと「同じように」説明できるという仕方で、分かりにくい内容を語るといった表現形式が採用されていないからである。見てのとおり、これは断定的な表現にほかならない。そして、常識的な理解からすると、わたしたちが「この世界で起こるものごとに協力し働いている」のは、まさに"目覚め"ているときである。とすれば、そのようにして"目覚めた状態"で生活していると思い込んでいるわたしたちを、ヘラクレイトスは「眠っている者たち」と断言していることになるだろう。つまり、かれの観点からは字義どおりのことが、わたしたちの思い込みからすると、あたかも比喩であるかのように読めてしまったのである。

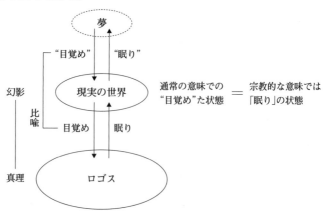

第1節　〈わたし〉とは何か

　以上のように、ヘラクレイトスにとって、わたしたちが“目
覚め”の状態にあると思っていること、そして現実の世界で起
こるものごとに関与していると思っていることは、まったくの
幻想にすぎない。わたしたち自身もこの世界も、ロゴスのつく
りだす幻影にほかならないのである。これとよく似た危うい世
界観は、時代を降ったアウグスティヌスにも認められ（第Ⅱ章
の第1節を参照）、かれの後も西欧中世に継承される。このよう
に、神の支えを失えば瞬く間に消え去る“淡い存在性格”の世
界観は、キリスト教の信仰と結びつきながら人々の通念に根を
広げていった。このため、中世の哲学を理解するうえでは、現
在の常識とは異なった考え方や前提が背後にあることを念頭に
おく必要がある。

存在という概念の多義性と一義性

　たとえば、アリストテレスの哲学をキリスト教化して発展さ
せた、トマスの学説（第Ⅲ章の第1節を参照）についてもまた、
わたしたちが生きるこの世界の淡い存在性格は見逃せない背景
となっている。眼前にあってよく知られている諸事物や、わた
したち人間でさえも、神の支えがあってこそ「かろうじて」現
に在る。今日の常識からすると実に奇妙なことだが、とりわけ
個体（個物）は不確かで淡い存在性格しかもっていないと信じ
られていた。たとえば、自分の愛犬ポチは、犬という「種」と
比べて、格段に影の薄い存在だと考えられたのである。ポチは
死んでしまえば消滅する一方、種としての「犬」は、ポチをは
じめ個別具体的な犬たちが消滅しても存続する。個体よりも種
のほうに確かな存在性格を認めるのは、分かりやすさのために
単純化すると、まさにこうした理由からである。かくして、創

第IV章　他人と自分

造主＝神といった究極の支えから、とるにたりない個体の希薄な存在までを仲介する、いわば存在の階層秩序が、アリストテレスの学説を基調にして築き上げられた。現代の常識では、存在するものというと、たとえば愛犬ポチのような個体や、わたしたち個人がまず考えられる。ところが、過去においては事情が異なって、至高の存在である神から降って個体や個人に至るまで、さまざまな性格や濃度の「存在」が立てられたのである。

　しかし、13世紀も終わりの頃になると、すでに紹介したスコトゥスのような神学者が登場して（第III章の第1節を参照）、個体に積極的な意味を認めるようになってくる。これと表裏して、そもそも「存在」という概念が、トマス＝アリストテレスの立てる階層秩序に応じた、多様な意味をもつというのはおかしいと考えられるようになる。スコトゥスがこのように考えたのは、この世界が現に「在る」こと、また個体としての事物やわたしたち人間諸個人が現に「存在している」ことに、学問的で理論的な理屈をはるかに超えた、神の支えと意志を感じたからだと思われる。

　たとえどのようなものごとであれ、それらが「在る」ということには、神の絶大な創造の意志が、わけ隔てなくつらぬかれている。象徴的な言い方をすれば、これは人知を超えた創造の奇跡にほかならない。スコトゥスはまさにこのように考えたのではないかと想像される。しかし、宗教的な信条をともかくとすると、在ると無いの中間に多様な濃度や複雑な階層を想定しないところは、現代の常識にそのまま継承されている。スコトゥスが個体の存在に重きをおく点もまた、これだけを単独にとりあげるかぎり、今日の考え方そのものだともいえる。しかし、このような考え方が深い宗教的な信条に由来していた点は、哲

学や神学の歴史をたどるうえで、かなり意味深長だともいえそうである。いずれにせよ、スコトゥスの路線はその後、キリスト教の信仰を古代ギリシアの学問的な装備から純化していくことになる。そして、この路線を強力に推し進めたのが、ウィリアム・オッカム（1285頃―1347/9年）であった。

不要な命題や存在の刈り込み

オッカムは、スコトゥスと同様、フランシスコ会の出身であった。しかし、かれの学説には異端の嫌疑がかけられた他、当時アヴィニヨンにあった教皇庁とフランシスコ会総長とのあいだで起こった、福音的清貧をめぐる論争に巻き込まれている。そしてかれは、世俗的な権力の頂点に立つ皇帝の庇護下で、当時の教会権力を批判する論争的な論文の執筆にとりくむ。このように、オッカムは異端視されるほど新奇な学説の提唱者であっただけでなく、現実の政治に深く関与した人物でもある。とはいっても、本書は哲学の入門書であるから、神学的な内容はぬきにして、かれが採用した方法とその破壊力にだけ注目したい。そして、宗教的な信条に関係することは、一点だけの確認に止めることにしよう。オッカムの信仰によると、神は文字どおり全能であり、矛盾のないことであればどのようなことも達成する。これが確認しておくべき一点である。

オッカムの採用する方法（方針）は次のように表される。「必然性がないかぎり、複数のものごとを立ててはならない」。この方針はようするに、全能の神はなにごとであれ、中間的なプロセス（ものごと）がないと矛盾に陥るのでないかぎりは、一切の無用なプロセスをぬきにして直接それを達成できるという信仰と表裏している。しかし、あくまでも神は全能であるか

ら、逆にプロセスをぬきに達成できることを、中間的なプロセスをつうじて達成することもまたできる。このため、オッカムの採る方法は、必然性（必要性）のないものごとや中間的なプロセスを切り捨てる方向と、切断したまま温存する自由とを両面的に獲得する。しかし、このままでは抽象的なので、分かりやすい比喩で考えることにしたい。そして、比喩を用いる以上、ヘラクレイトス流の複雑なものではなく、今日風のシンプルな比喩を採用することにしよう。

オッカムの剃刀

　たとえば、ある虚弱体質の人が健康クラブに相談したところ、秘伝の呪文を唱えた後に毎朝ジョギングを励行するよう告げられたとする。秘伝の呪文はそのつど異なったものが健康クラブから指定される。そして、その人は告げられたとおりのジョギングに励み、実際に虚弱であった体質が改善する。しかし、指定どおりのジョギングを怠ると、かれはまた虚弱体質にもどったとしよう。こうして、かれは秘伝の呪文と毎朝のジョギングに、大変な効力を実感することになる。ところが、かれはあるとき、ジョギングさえしていれば、秘伝の呪文は不必要だという意見をたまたま耳にする。当初はこれを疑ったが、実際にジョギングだけでも、かれの健康は維持されている。それ以来、かれは健康クラブに通いつづけるべきかどうか、あらためて考えているとしよう。

　以上の例にオッカムの方法をあてはめると、ジョギングこそが健康の増進をもたらすのであって、秘伝の呪文を唱えるプロセスは必要ない、ということになる。すなわち、この例でも「必然性がないかぎり、複数のものごとを立ててはならない」

第1節 〈わたし〉とは何か

のである。しかし、健康の増進に励む人にとって、秘伝の呪文がどこか心の支えになっているのであれば、それを捨て去る積極的な理由もない。あるプロセス（ものごと）をぬきにして達成できることであっても、中間的なプロセスをつうじて達成することに支障がなければ、それでもかまわないのである。これとは反対に、ジョギングを省いて呪文だけに頼ろうとする姿勢は、オッカムによってしりぞけられる。健康増進にとって、ジョギングの励行は必要だからである。こうした呪文の例と同様に、オッカムは教会の権威を護るうえで、必然性がなくとも切り捨てずに残すべき余地を確保する。いわば、切ったまま残す、ということである。しかし、権威が保全される一方、権益のほうは福音的清貧にもとるので、ばっさりと切り落とされる。これは有名な「オッカムの剃刀」と呼ばれる方法にほかならない。より正確には、その方法がもつ一面だけを示したのであるが、これによってもたらされる結果の重大さは計り知れない。

　すでに述べたように、トマスの学説は、この世界が淡い存在性格しかもちあわせていないということを背景としていた。わたしたちのよく知っている事物や、わたしたち人間でさえも、神の支えをその根本とする階層秩序があってこそ、かろうじて現に在る。そして、この階層秩序を明示していた神学的な概念装置が、オッカムの剃刀によって次々と切断されることになる。しかしながら、たとえ教会の権威に配慮して切ったまま残されたとしても、壮大なかつての神学体系は専売特許としての特権的な威力を失っていく。というのも、さきほどの健康増進と同様に、個々の事物や人間諸個人が存在するための支えは、理論的な学問から場所を移し、神への直接的な信仰へと集中するからである。

83

第IV章　他人と自分

　こうしたオッカムの思想傾向が、当初から異端視されたということは、むしろ当然かもしれない。なぜなら、当時の教会は多種多様な、いわば専売特許を保有することで成り立っていたのだから。しかし、かれはキリスト教の信仰に反逆するどころか、その信仰を純化するために闘っていたという点は、きわめて重要なことだろう。そして、ある意味では、オッカムの方法を大胆に拡大して適用した哲学がアリストテレスの体系を根こそぎ切り捨て、近代的な学問の素地を形成することになる。

デカルトの悪夢

　デカルト（1596―1650年）は「われ思う、ゆえにわれ在り」と唱えたことで有名である。知っている読者も多いと思う。しかし、この言葉に結晶するモチーフとの関連で、かれの経歴に多少ふれておきたい。

　デカルトは、ラ・フレーシュという学院で学んだ後、オランダの軍隊に入隊している。ラ・フレーシュは、カトリック的な秩序の再建を目指すイエズス会が創設した学院であり、新興の学問を摂取しながらカトリックの伝統を護ろうとする気風にみちていたとされる。また、オランダは当時、軍事科学の近代化と組織化を推し進めていた。そして、デカルトはこのオランダで、数学的自然学という新たな学問に出会っている。が、かれが生きたのは、西欧世界を二分して、カトリック勢力とプロテスタント勢力が衝突する熾烈な宗教戦争の時代であった。

　三十年戦争と呼ばれることになる、この大規模な戦争が勃発した時期、デカルトはカトリック側の軍に入隊するためにオランダを発ってドイツにむかう。そこでかれは皇帝の戴冠式を見物したとも伝えられている。そして、この事件からまもなくの

84

こと、かれは一連の悪夢を見て「驚くべき学問の基礎を発見した」のである。まさしくこれが、後の著作で「われ思う、ゆえにわれ在り」と表現されることになる、新たな揺るぎない学問の基礎にほかならなかった。

　しかし、デカルトの発見した揺るぎない基礎とは、どのようなものであったのだろうか。かれはかなり若いころから、既成の伝統的な諸学問に疑いを抱いていたともいわれる。以下では『方法序説』および『省察』と略称される書物にあたって、かれがどのようなことを考えたのか、その概要を紹介することにしたい。

方法として誇張された懐疑

　デカルトは『省察』に付された読者へのまえおきで、「神と人間精神との問題」をあらためて扱うと述べて、著作の主題を明確に定めている。かれはしばしば、主観と客観との関係を提示した哲学者として解説されるのだが、少なくともこの著作では、主題設定がこの種の解説とは異なっている。まずはこの点に着目したい。また、少しでも疑わしいものごとは、明らかに誤りであるものごとと同様に扱うといった慎重さを示す一方、デカルトは『方法序説』において「いかに疑わしい意見であっても、ひとたびそれを採ると決心した場合、それがきわめて確実なものである場合と同様に、変わらぬ態度でその意見にしたがいつつ」行動するとも述べている。ようするに、かれは学問の基礎を探究するうえでは、比類ないほどの厳密さと疑いを要求する一方で、実生活の行動に関しては、疑いを超えていく決意を示しているのである。これは哲学的な探究と実生活の行動とを互いに切断する姿勢だともいえる。

第IV章　他人と自分

　さて、かれの哲学的な探究は、次のように進められる。これ
までのところ真である（正しい）と認めてきたものごとは、た
とえば何かを目撃した場合のように、感覚から直接それをうけ
とったか、伝聞を介して何かを知るように、間接的に感覚から
うけとったか、いずれかである。しかし、錯覚やかんちがいの
ように、感覚はときとして誤る。また、ものごとを直接うけと
っていると思える場合でさえも、実は現実味のある夢を見てい
たにすぎないという経験がある。そして、目覚めているときと、
眠っているときとを区別する明確な何かを求めても、その種の
何かはどこにも見当たらない。なるほど、2に3を加えると5
になるとか、四角形は4辺からなるといった明白な真理は、た
とえ夢の中であっても揺らぐことはないと思える。しかし、全
能の神は、実際にはすべてが無であるにもかかわらず、わたし
（＝デカルト）が現に見ている事物を、見られているとおりに存
在すると、わたしに思い込ませることもできるだろう。本当は
2に3を加えても5ではないにもかかわらず、わたしが2に3
を加えるときは常に、この同じ誤りを犯すよう神が仕向けてい
るのかもしれない。

　善なる神ではなく、このうえなく有能でずる賢い「悪しき
霊」が、わたしをいつも同じ誤りにおとしいれているとも想像
できる。それでも、この霊がわたしを欺いているかぎり、すな
わちわたしがそのように疑っているかぎり、そのように疑って
いるこのわたしは、やはり疑いつつ存在している。どれほど欺
かれていようと、そして欺かれているのではないかと、いかに
疑いを深くしようと、現に疑っているこのわたしは消滅しない。
「わたしは在る、わたしは存在する」。このことは、わたしが精
神によってこの実情をとらえるたびごとに、必然的に真である。

86

誤りを想像し、なにごとかを疑い、判断し、そのように考える
このわたしは、まさしくそのあいだ存在している。この思うわ
たしの必然的な存在が、デカルトの第一原理にほかならない。

人間精神と物体とのあいだの切断

　実は、ここに至るまでの疑いが、有名な「方法的懐疑」と呼
ばれるものである。感覚をはじめとして、想像や判断までが懐
疑によって切断され、疑いそのものが断たれることで獲得され
た不可疑の原理であるため、この懐疑をつうじて得られた「わ
たしは存在する」という真理は、物体に由来すると思われる感
覚的な要素すべてから断ち切られている。デカルトはこのよう
にして、被造物と神とのあいだに従来の通念がおいていた断絶
と同じように、物体を人間精神から完全に切断したまま残した
のである。

　すでに述べたように、オッカムは中世的な構図のもとで、神
学の領域に枝を広げていた不要な概念的装備を大幅に刈り込ん
でいった。そして、教会の権威を護るかぎりで、必然性の認め
られないものごとを切ったまま残したのである。これと比べる
と、デカルトは中世的な構図そのものを切っている。そして、
かれは人間精神と物体の領分とを切り離し、わたしたちが普段
から実感している経験的な事実を護るために、物体の領分は切
ったまま残した。しかし、ここで重要なのは、第一原理「わた
しは存在する」が善なる神に由来するのであれ、悪しき霊に由
来するのであれ（信仰の自由！）、いずれの場合も同様に、必ず
成り立つ（必然性）ということである。

第IV章　他人と自分

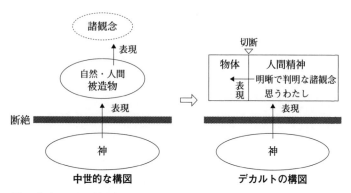

中世的な構図　　　　デカルトの構図

神の存在証明と懐疑の克服

　デカルトはカトリック信者であるから、仮にプロテスタントの信仰が、本当は悪しき霊に欺かれたものだとしよう。それでも、第一原理は双方の信者をわけ隔てすることなく、必然的に真である。たとえこの現実が、実は夢であったとしても、この原理は損なわれない。そして、この性格に貫かれた明白（明晰かつ判明）な観念、すなわち「完全性」の観念が、わたしに備わっている。デカルトはここから、完全性の観念は、疑いをもつほど不完全なわたし自身にではなく、わたしを創造した神に由来するといった論法で、神の存在証明を行った。神の存在証明は別の形式でもなされているが、ともかくも、思うわたしの存在が神の一表現であるかぎり、これを表現（創造）した神は、このわたしに比してよりいっそう確実に存在する、という趣旨をおさえておけばよいだろう（上図右参照）。

　これによって、もはや懐疑は無用のものとなった。しかし、それだけではない。第一原理を基礎とし、これを規範とするのであれば、誤る余地のない学問を築き上げることができる。善なる神に由来するのであれ、悪しき霊に由来するのであれ、い

第1節 〈わたし〉とは何か

ずれの場合も真となる明白（明晰かつ判明）な観念は、神の一表現である、このわたしが思いつつ現に存在している（神による表現＝創造）のと同じように、人間精神から切断された物体とその世界を厳密に表現している（人間による厳密な表現＝数学的学問）と考えてよい。こうして、デカルトは、数学や数学的自然学を初めとする新しい諸学問を基礎づけた。と同時にまた、かれが当初の設定で、哲学的な探究と実生活の行動とを互いに切断していたことが、ここであらためて重要な意味をもつことになる。

　実生活の行動は、哲学的な探究から切り離され、学問の揺るぎない基礎が新たに発見されたにせよ、実生活の行動は切られたまま残されている。アリストテレス的な旧式の学問が根こそぎ却下され、無色無臭の数学的な物体世界が純粋な人間精神によって新しく立てられるにしても、実生活で認められているものごとは従来のままに保たれる。つまり、実生活の行動においては、切断された人間精神と物体（身体）が、相互に堅く結びついているのである。揺るぎない基礎のうえに築かれた諸学問は、たしかに、誤りから解放されている。「しかしながら、実生活の必要は猶予をゆるさず、これ〔以上のような議論〕ほど厳密な吟味はいつもできないため、わたしたちはしばしば人間の生活が個々のものごとについて誤りやすいことを告白しなければならない」。デカルトはこのように『省察』を結んでいる。これは実生活の行動と哲学的な探究との切断が、前者の棄却などではありえず、双方の接触こそが肝要であることを雄弁に物語っているといえる。

第IV章　他人と自分

〈わたし〉の危機と鏡の比喩

　デカルトによって学問の揺るぎない基礎が発見された。17世紀のことである。しかし、かれが明白（明晰かつ判明）だと訴えた第一原理は、18世紀末のドイツで再び疑問に付されている。疑うわたしがみずからを振り返ったときに、たとえ何をどのように疑おうとも、疑いのさなかに「わたしが在る」ということだけはもはや疑いえない。デカルトはこれが明白なことであると考えた。では、このとき「疑うわたし」と「みずからを振り返るわたし」とは、同じこの〈わたし〉であるのだろうか。これは鏡を覗く「わたし」が、鏡に映る「わたしの像」を見て、みずからを確認することに相当する。

　この場合、わたしはみずからのすべてを余すところなく確認しているのかというと、つねに一定の角度から見える、そのつどの自分の姿しか確認できていない。これと同様に、デカルトの第一原理は明白（明晰かつ判明）であるどころか、むしろ一面的で、しかも漠然とした自己確認にとどまっているのではないか。しかも、わたしたちが鏡を覗く行為は、自分が他の人からどのように見えるのかという、関心あるいは不安をどこか暗黙の前提にしている。実情からすると、わたしたちは、鏡に映る像が一つの自己像にすぎないことを知っているからこそ、鏡で自分を確認したくなるのではなかろうか。また、自分自身というものが、鏡に映ったそのつどの自己像にはとどまらないことも承知している。ようするに、鏡に映る自己像は一面の「像」であって、わたし自身のすべてではない。しかし、それでも特定の自己像だけをもとに、自己確認を打ち切る。わたしたちは、鏡に映し出されていない自分の側面については考えるのを止め、自分を確認できたことにして生活しているのである。

第1節 〈わたし〉とは何か

鏡を覗くとき、その行為は現にそうなっている。

デカルトの第一原理は、以上のような設定で、再び洗いなおされなければならない。18世紀末のドイツに登場したフィヒテ（1762—1814年）が、このような問題意識をもったと考えると、かれの哲学は明確な焦点をむすぶ。哲学史の観点からすると、スコトゥスとオッカムをつうじて、デカルトが達成したかに見えた「個の基盤」は、ここで大きな危機に出会っている。これを克服しなければ、わたしたち諸個人は中世の"淡い存在"へと、再び転落してしまう。フィヒテはここで、もうひと頑張りしなければならなかった、といってよいかもしれない。

鏡の比喩を用いた哲学の議論は、アウグスティヌスやトマス・アクィナスにも認められるもので、それぞれが固有で深遠な内容をもっている。とはいえ、フィヒテほど底無しの深淵をこの比喩によって覗かせた哲学者は、おそらく皆無であろう。それはとてつもないものである。しかし、残念なことに、かれの議論は難解をきわめる。それでも、かれの重要な論点を一つだけピックアップすると、意味としては次のようにまとめられる。〈わたし〉はみずからのうちに、〈わたし〉を部分的に立てるとともに、これと対立する〈わたしではない何か〉を部分的に立てる。これは20世紀最大の哲学者とも称されるハイデガーがきわめて重視した命題でもあった。西欧哲学の全秘密がここに隠されているとまで考えられていたようである。それにしても、見てのとおり、何のことだかまったく分からない。

難解な命題のことはともかく、多くの人が鏡をめぐる神秘に、かつて関心をもった経験があるのではなかろうか。そこで、フィヒテ哲学の根本的なモチーフが、鏡を覗く行為、他者の眼差し、不確かな〈わたし〉の存在性格に集中していることだけを

予告して、さっそくムーミンのストーリーに話題を移すことにしたい。というのも、フィヒテが語ろうとしている内容は、その根幹に関するかぎり、以下のストーリーそのものが浮き彫りにしてくれるからである。

第2節　鏡の中にある世界

　ここで紹介するのは鏡の神秘を描いた不思議なメルヘンである。それは「鏡の中のマネマネ」と題された作品である。かなり難しい問題を含む話ではあるが、ストーリーそのものは、ほかのムーミン作品と同じように一貫して具体的である。

鏡を使った悪戯

　たきぎを運んでいるスニフが突然、強い光を目にうけて、気を失いそうになる。そのような場面から、鏡をめぐる話が始まる。そして、スニフが倒れそうになると、ムーミンが大きな手鏡をもって姿を現す。スニフがうけた強烈な光は、この手鏡に反射した太陽光線であった。ようするにムーミンは、誰でも子供の頃に経験がある、鏡をつかったいたずらを始めたのである。ムーミンはこのように、たちの悪い玩具として、家から持ち出した手鏡を使っていた。

　スニフが気をとりもどすと、ムーミンは大よろこびで駆けより、今度は二人でこのいたずらをしようということになる。そして、鏡の光線で次に驚かされたのは、地面に絵を描いて遊んでいたミイである。ムーミンたちに気づいたミイは「いたずらって、とても悪いことなのよ」と言う。こうしてムーミンたちのいたずらに怒るミイであったが、子供はもともと、いたずら

第2節　鏡の中にある世界

が大好きなもの。すぐにミイも加わって、ついに村の大人たち
までを、同じいたずらで驚かし始める。こうして、いきなり強
い光で照らされたスノークは、目がくらんで転んでしまう。そ
れがいたずらだと分かったスノークは、子供たちを叱り、鏡と
いうものは身だしなみを整えるための道具であるから、自分は
髪一本にまで乱れがないよう、礼儀正しくそれを使っていると
言い聞かせる。そこにミイの姉であるミムラ姉さんが、たまた
ま通り合わせる。そして話を聞いていた彼女は、髪の毛に数本
の乱れがあるほうが、むしろ自然で魅力的だと言う。その自然
さを保つために、ミムラ姉さんは一日に何度も何度も鏡を見な
がら、それはもう大変なのだということであった。こうして、
子供たちのいたずらをよそに、鏡は大人たちの話題になってい
く。

　ムーミンたちには、スノークやミムラ姉さんの話が、あまり
よく分からない。かれらには、鏡を使ったいたずらが、面白く
てしかたがなかった。そんなわけで、今度は誰を驚かそうかと
いうことになり、三人は共謀してあちらこちらを歩きまわる。
すると、まだ鏡のいたずらを知らないノンノンが、小川のそば
でスナフキンのギターに聴き入っている。そこでさっそく、ム
ーミンたちは樹の陰に身を隠し、そこにいた二人に反射光をむ
ける。ところが、強い光線に目を射られたノンノンは、ムーミ
ンが予想しなかったほど大きな衝撃をうけたようで、かわいそ
うに、その場でうずくまってしまったのである。このため、逆
に驚いたムーミンは、大変なことをしてしまったと、すぐにノ
ンノンを救け起こしにいく。そして自分たちのしたことを謝る
のであった。

　その場で子供たちのいたずらを見ていたスナフキンは、かれ

第IV章　他人と自分

らに、ある不思議なことを語る。「ねーェみんな、鏡で遊ぶん
なら、もっと面白いことがあるぜ」。このスナフキンのことば
に、ムーミンたちはすぐに飛びつく。そして、それはどういう
遊びなのかと、かれらはスナフキンに質問した。すると、スナ
フキンはいつものように静かな口調で、子供たちに話し始める。
「どこかで、うーんと大きな鏡を見つけるんだ。そしてその前
に、その手鏡をもって立つんだ」。スニフが問う。「で、そうし
たらァ？」スナフキンはつづける。「そうしたら、地獄の入り
口が見えるのさ」。スニフはおびえて呟く。「ひえー、地獄の入
り口……」ムーミンはそんなことがあるのかと不思議がる。し
かし、スナフキンのことばには、それまで一つも嘘はなかった。
それでムーミンはすぐにでも試してみたくなる。実はノンノン
もまた、ムーミンよりもずっと以前から、鏡の不思議さに心を
ひかれていた。このため、スナフキンの話は、ムーミンたちだ
けではなく、ノンノンをも動かすことになる。

底なしの深淵

　子供たちはそろって、さっそくムーミン屋敷にむかう。そし
て、家にいたムーミンパパに、大きな鏡はないかとたずねてみ
る。すると、屋根裏の部屋に、古くから伝わる大きな鏡がある
という。この話を聞いて、子供たちはその部屋へ探しにいく。
そこはとても暗かった。しかし、しばらく探してみると、ムー
ミンたちの背丈をはるかに超える大きなものが、布におおわれ
てほこりだらけになっているのに気づく。かれらはその布を外
し、ほこりをきれいにふきとってみる。するとそこに大きな鏡
が現れる。しかもそれは、屋根裏の部屋全体をそっくり映し出
すほどの、とてつもなく巨大な鏡であった。そこでムーミンと

第2節　鏡の中にある世界

ノンノンは、スナフキンが語ったとおりに、手鏡をもってこの巨大な鏡に近づいてみる。驚いたことに、二人の前にはどこまでつづくのか分からないような、底無しの深淵がぽっかりと口を開ける。まるで今にも自分がそこへ吸い込まれてしまいそうな、言いようのない恐ろしさが、覗き込むムーミンとノンノンを襲った。ミイやスニフもまた、その恐ろしさに身震いする。そしてしばらくすると、そこへムーミンパパとムーミンママがやってくる。

　ほこりの立ち込めた部屋に、いつまでもいるのは、子供たちの体によくない。そういうことで、ムーミンパパとムーミンママは、かれらを呼びもどしに来たのである。それでも鏡から離れようとしない子供たちに困って、ムーミンパパはその場で、昔からの言い伝えを話し、鏡から離れなければいけない理由を説明する。「つまり、この鏡はね、先祖から伝わる特別の鏡だからだ」。子供たちはどういうふうに特別なのかと問い返す。ムーミンパパはこれにこたえて、話をつづける。「ようするにだねェ、これはすべての鏡の本家ほんもとであって、われわれの世界と、あいつらとをむすぶ、たった一つの通り道なのさ」。わたしたちは、鏡に自分の姿が映っていると思っているが、本当は鏡のむこうで、鏡の世界に住むマネマネという怪物がわたしたちのまねをしている。マネマネはものまねの天才だという。かれらはめったに自分たちのシッポをつかませない。というのも、わたしたちが鏡の前に立って、とてもまねできないようなかっこうをしても、マネマネは見事にまねてしまうからだ。だから、いつまでもこの鏡の前にいるのは、危険きわまりないということらしい。「まず、近づかないことだなァ」。ムーミンパパはこう語って、子供たちを、ムーミンママ手作りのお菓子が

待つテーブルに誘う。

わたしを見つめる影

やがて屋根裏から降りてくる子供たちであった。が、ムーミンパパの話を聞いて、ノンノンは気になってしかたがない。それで彼女は、大鏡のところへ一人ひきかえす。こうして、ふたたび大鏡の前に立ったノンノンは、そこに映る自分にむかって問いかける。「ねー、どうなの？　あなたはわたしなの？　それとも、わたしのまねをしている怪物？　もしそうなら、そんなのやめて。まねなんかしないでちょうだい。そうよ、わたしだと信じていたから、まいにち笑いかけたり、ないしょのお話を聞かせたりしたのよ。嘘ついてたのね。ひどいわ。さっ、あなたがもし怪物なら、いま目をとじてあげるから、そのあいだに教えてちょうだい。さっ、目をつむるわよ」。ノンノンがこう語って目を閉じていると、それまで彼女と同じように背中をむけていた、鏡の中のノンノンが突然、気づかずに鏡を背にしているノンノンのほうをふりむく。そして、鏡を背にしたままのノンノンに、鏡の中のノンノンが手を伸ばしてくる。ムーミンパパが言っていたとおり、ノンノンをまねていたマネマネが、その正体を現したのである。その直後、ノンノンはアッというまに、鏡の中へひっぱり込まれてしまう。一瞬のことであった。

ムーミンは、いつになっても屋根裏から降りて来ないノンノンが心配になる。それで彼女を呼びに行くと、すべてを見ていた愛犬のメソメソが、けたたましく鏡にむかって吠えていた。何かが起こったにちがいない。ムーミンはそう思い、あわてて鏡のほうを見た。すると驚いたことに、ノンノンが救けを求めながら、鏡の奥深くへと落ちていく。しかもその姿はどんどん

第2節　鏡の中にある世界

遠く小さくなる。そしてまもなく、ノンノンは見えなくなり、まったく見えなくなったかと思うと、大鏡はふたたび部屋全体を映し出すのであった。パパが言っていたように、ノンノンはマネマネに引き込まれ、鏡の世界につれさられてしまったのである。「パパの話は本当だったんだ！」なんとか救け出さなければならない。ムーミンはどうしようかと考える。ムーミンパパは言っていた。「あいつらが本性を現すのは、こっちが一人のときだけなんだ」。このことを思い出したムーミンは、自分がそうしてみるしかないと考える。そして、ムーミンはノンノンがしたように、大鏡を背にして立ち、後ろの気配にこころを集中したのである。

影たちの世界

　ムーミンがじっと鏡を背にしていると、奇妙な気配が背中に漂う。すかさずムーミンがふりむくと、そこには自分そっくりのマネマネが手を伸ばしている。「今だ！」と叫び、すかさずムーミンはその手をつかむ。そして、ムーミンにそっくりのマネマネを、かれは逆にひっぱり出す。こうして、不意をつかれたムーミンの影は、本物のムーミンによって、こちらの世界に引き出された。ムーミンはひっしであった。かれは自分にそっくりの影を、力いっぱい押さえ込み、つかんだ腕をひねりあげる。そして、ノンノンの救出を手伝うよう、自分そっくりの影にむかって命じるのであった。ついに影のムーミンは、腕の痛さにまいってしまい、本物のムーミンの命令にしたがうという。ムーミンが念をおすと、影のムーミンはムーミンをまねているからには、本物のムーミンと同じくらい正直者で、約束はかならず守るという。そして、ノンノンは影のノンノンによって、

第IV章　他人と自分

鏡の中に住んでいるマネマネ大王のところへ連れていかれた、ということである。すぐに救け出さなければ、とりかえしのつかないことになる。そこで本物のムーミンは、影のムーミンと一緒に、何かおまじないのような言葉を唱えながら、鏡の中へ入っていった。

　二人のムーミンはこうして、あのときぽっかりと口を開けたような、長い長い真っ暗な通路を進んでいく。そして飛び出したところは、大鏡の置かれたもとの部屋であった。家の外に出てみても、そこにはよく知っているムーミン谷の景色が、いつもと同じように広がっている。しかしそれは、どことなく生気を失って青ざめているような、また完全に左右が反対のムーミン谷であった。そして、他のマネマネに見つけられないように、本物のムーミンは影のムーミンの後ろに隠れて歩いていく。もしも本物であることが分かると、ムーミンも影のムーミンも、ばらばらにされてしまうということであった。そして、しばらく歩くと、どこかぼんやりとしたスノークと出会う。やがてミムラ姉さんもやってきて、あのときと同じように、鏡のことで話を始める。「おことばですけど、スノークさん。髪はやはり、一筋の乱れもないほうが、まねをするのにはらくですわ。そうじゃございませんこと？」影のミムラ姉さんは、こんなことを影のスノークに語っている。が、スノークが去っていくとまもなく、突然ミムラ姉さんは消える。影のムーミンによると、たった今、本物の世界でミムラ姉さんが鏡を覗いたという。ミムラ姉さんが覗き込んだ鏡のところへ、影のミムラ姉さんは、大急ぎで飛んでいった。どうもそういうことらしい。

　やがて本物のムーミンと影のムーミンは、森の奥深くまでやって来る。そこはムーミンがそれまで見たことのない、ほんと

第2節　鏡の中にある世界

うに不気味なところであった。そして二人は洞窟の中へ入っていく。影のムーミンは、その奥にマネマネの住処があり、ノンノンはそこに連れていかれたと言う。そこまで行ってみると、樹木に囲まれたとても広い場所があり、まるでアメーバのような生き物たちが、あたり一面を埋めつくして、不気味にうごめいている。それはマネマネの正体であるらしい。まだ特定の何かをまねる前は、影のムーミンもまた、かれらと同じように、無定形なアメーバさながらの不気味な姿をしていたという。しかし、今ではムーミンの影になっている。このように影のムーミンは語った。

ばらばらにされるノンノン

　広場の奥には無定形で巨大なマネマネがいる。それはマネマネの大王だということであったが、大変なことに、ノンノンはその近くで樹に縛られていた。ムーミンは影のムーミンにたずねる。「ねえ、ノンノンはどうなるの？」すると、影のムーミンは「このあと、ばらばらにされるの」と、悲しそうにこたえる。ムーミンは驚く。しかし影のムーミンは「きのどくだけど、どうにもならない。それがこの世界のおきてなんだ」と語る。ムーミンは何としてもノンノンを救出しなければならなかった。「よーし！」かれは勇気を振り絞る。

　ようやくノンノンを見つけたムーミンは、影のムーミンに、約束どおり案内してくれたことを感謝し、そこで影のムーミンを解放する。すると影のムーミンは、屋根裏の大鏡に飛び込めば、もとの世界にもどれると告げ、どこかへ立ち去っていった。しかし本物のムーミンはノンノンを救けなければならない。このままだと、ノンノンはまもなく、ばらばらにされてしまうだ

第IV章 他人と自分

ろう。そこで、かれは勇敢にも、そびえ立っていた巨大な樹の
つるを利用して、あたり一面のマネマネたちを飛び越え、ノン
ノンのいる小高い丘に着地する。そこで素早くノンノンを縛っ
ていた縄をほどき、ムーミンは彼女を抱えて、ふたたび巨大な
樹のつるにつかまってマネマネたちを飛び越える。しかし、こ
れはすぐに気づかれてしまった。そしてマネマネ大王は、あた
り一面でうごめいていたマネマネたちに、二人を追うよう命じ
る。このため、ムーミンとノンノンは、襲いかかるマネマネの
大群に追われながら、影の世界にあるムーミンの家にむかって
逃げ切らなければならなかった。

　ムーミンとノンノンが逃げていくと、周囲の人々や樹木や岩
までもがアメーバのようなマネマネに変身して、かれらを追っ
てくる。そして間一髪のところで、ようやく二人はムーミンの
家に着くのであった。しかし、屋根裏の部屋につながる階段で
は、ついにマネマネたちをかわせなくなってしまう。するとそ
のとき、さきほど姿を消した影のムーミンが現れ、アメーバに
変身したマネマネたちを自分がそこでくい止めるから、急いで
大鏡に飛び込むようにと、本物のムーミンにむかって叫ぶ。も
う他に方法はない。ムーミンとノンノンは、影のムーミンによ
る捨て身の協力で、やっとのこと大鏡の前に到着する。そして、
二人は手をつなぎ、そこに飛び込んだのである。

いつもの世界にもどること

　二人はまた長い長い通路を抜けていく。そのころ現実の世界
では、ミイとスニフが、大鏡の前でぐったりしていた。かれら
は、屋根裏の部屋で消えたムーミンとノンノンを、もう探し疲
れてしまったのである。すると突然、大鏡の中から、消えた二

人が飛び出してくる。ミイとスニフには、いったい何が起こったのか、まったくわけが分からなかった。しかし、ムーミンとノンノンが鏡の中から出てきたのは、けっして夢などではない。たった今、かれら二人が目の前で、大鏡から飛び出してきたのである。息を切らせていたムーミンとノンノンは、ようやく落ち着きをとりもどす。こうして、二人が無事であったことを互いによろこび、子供たちはムーミンパパとムーミンママに報告する。

　ところが、話を聞いたムーミンパパは、思わず大笑いする。ムーミンママも笑っていた。「パパ、この子は立派にパパの後継ぎになれますよ」。どうやらマネマネのことは、ムーミンパパが即興で考え出した、どこにもない言い伝えであったらしい。とはいえ、子供たちは、そのどこにもない言い伝えどおりのことを、まさに経験したのである。

第3節　見知らぬ人々の眼

　「鏡の中のマネマネ」と題された作品の粗筋は、前節で紹介したとおりである。ユーモラスなところがあるとはいえ、やはりどこか怖い話であり、また不気味さがストーリー全体に漂っている。

設定の奇妙な現実味
　かたちの定まらないアメーバのようなマネマネ、それはいったい何であったのだろうか。鏡に吸い込まれそうな感覚。これもよく分かるようで、考えるとわけが分からなくなる。ノンノンが鏡にむかって自分に問いかけるシーンも、メルヘン固有の

第IV章　他人と自分

神秘さを感じさせる一方で、わたしたちの真相を描いているような、考え始めるとゾーッとする面がある。鏡に映る自分に問いかけ、そうするうちに、自分がいなくなってしまう。まさにそのような神秘がこの話を彩っている。しかしどうであろうか。単にメルヘンの不思議さとしてではなく、これは自分もよく知っている感覚だと思えるところが、この場面にはあるような気がする。鏡の中の自分に問いかけながら、自分という実感がどこかスーッと薄れていくような、そうした体験として、このメルヘンをイメージしなおすことはできないだろうか。

　ストーリーによると、ノンノンは手鏡で遊ぶムーミンたちよりも早く、鏡というものに関心をもっていたと思われる。しかもその関心は、ムーミンたちのような、いたずらの道具をめぐるものではない。ノンノンは鏡にたいして、大人の関心に近く、それでいて大人の関心にはまだ至らないような関心を抱いている。それは自分が他人からどう見えるのか、たった今ここで鏡に映っている自分の姿は、誰が見ても同じ本当の姿なのだろうかという、不安にみちた関心である。ノンノンは鏡に映る自分に問いかけていた。「あなたはわたしなの？　それとも、わたしのまねをしている怪物？」これは自分というものが、鏡に映る表面的な見え姿を超えた、自分でもよく分からない「わたし」であることを語っている。

　ムーミンにとって自分は何なのだろう。兄のスノークからすると、いったいどうなのか。ミイにとっては？　スニフにとっては？　スナフキンにとっては？　ムーミンパパやムーミンママにとってはどうなのか？　それから、まだ知らない多くの人たちからすると、この「わたし」はどういう人なのか、それはまったく分からない。それでも、自分の知らないたくさんの人

第3節　見知らぬ人々の眼

たちから、この「わたし」は見られている。もちろん、知っている人たちからも「わたし」は見られている。しかし、よく知っている人たちから自分がどう見られているのかさえ、今の自分にはほとんど分からない。

〈わたし〉でないわたし

　いま目の前に映っている自分の姿は、自分だけが確認した自分であり、たぶん思い込みの一面的な自分でしかないだろう。それは誰から見てもこの「わたし」であるような本当の自分とはちがう。単なる思い込みの自分にまねた姿が、いつも鏡の中に確認されているだけかもしれない。「わたしだと信じていたから、まいにち笑いかけたり、ないしょのお話を聞かせたりしたのよ。嘘ついてたのね。ひどいわ……」ノンノンは鏡に写るのが自分自身だと信じて、自分だけの秘密を打ち明けていた。ところが、マネマネは鏡のむこうで、ノンノンのふりをしながら、いつもノンノンのことを見ていたのである。それは彼女にとって、とても恥ずかしいことであったのだろう。「さっ、あなたがもし怪物なら、いま目をとじてあげるから、そのあいだに教えてちょうだい……」。ノンノンはこう語りながら、鏡に映る一面的な自分のむこうに、本当の自分を求めている。しかし、それがどのような自分であるのか、ノンノン自身にも分からない。分かるのは、そこに映っている自分だけである。「そんなの止めて。まねなんかしないでちょうだい！」これは知りたくても分からない、本当の自分になろうとする、ノンノンの叫びであった。目の前に映るのは本当の自分ではない。ただそれをまねた自分の一面にすぎない。それはいろいろな人の視線を気にすればするほど、ほんのちっぽけな自分の一面に思えて

くる。

鏡に吸い込まれる感覚と他者

　こうして、自分自身に分かっている自分は、とめどもなく希薄で"淡い存在"になっていく。鏡を覗きながら予想される膨大な数の視線に圧倒され、自分自身に分かっている自分は、ほとんどもう消えてなくなる。そしてノンノンの心は、鏡のむこうに予想される無数の人々の眼差しへと、いつしか吸い込まれてしまう。大鏡の前で起こったことは、おそらくこうしたことであったのだろう。この不思議さを「鏡の中のマネマネ」は、大鏡に吸い込まれるノンノンという設定で、具体的に描いているにちがいない。それは大人になりかけた女の子が、他人の視線を気にし始める、まさにそのときの微妙な心のゆらぎを見事に描いている。

　鏡の中には、まだ誰かのまねをする以前の、かたちが定まらないマネマネたちがうごめいていた。その不気味なマネマネたちは、気になって仕方がなくても、今のノンノンには分からない無数の人々である。しかもかれらは、予想もできないほどさまざまな見方で、ノンノンを見ることになるだろう。見知らぬ人々は一人のノンノンを、それぞれまったく関連のない、ばらばらな見方で見るにちがいない。そして、ノンノンはかれらから、彼女には知りえない無数の像で理解されるだろう。だからこそ、鏡に吸い込まれたノンノンは、ばらばらにされるのではなかろうか。彼女にとって、不気味にうごめくアメーバのような生き物は、この広い世界の中でまだ知らない人々であった。かれらがノンノンに眼差しをむけるとき、それぞれの人は初めて、しかもそれぞれの眼差しに応じた彼女を見ることになる。

第3節　見知らぬ人々の眼

そして、まさしくそのときに、さまざまなノンノンの像となって彼女をまねることになる予定の、しかしまだかたちのないマネマネが、鏡の奥深くで不気味にうごめいていたのである。

わたしの存在基盤

　ムーミンやノンノンがすでに知っている人々は、正確にまねられて鏡の中にいた。また、かれらがすでに知っていたムーミン谷も、ほぼそのとおりにまねられて、鏡の中に広がっていたのである。影のムーミンは、本物のムーミンもノンノンも、よく知っているとおり正直で、正義感が強く、しかも勇敢な少年であった。

　男の子は女の子よりも心の成長が遅いそうだが、このときのムーミンにとっては、他人の視線が気になるということより、仮に思い込みの自分でしかないにせよ、正直で勇敢な自分だけがあったのだろう。だからこそ、鏡の中から手を伸ばしてきた自分の一面的な影を見ても、ノンノンのように他人の視線が気になることはなく、その一面的な影をすぐに信頼できたのである。そして、まさしくそのムーミンによって、ノンノンは鏡の中から、すなわち見知らぬ他者たちの眼差しから救出される。

　たしかに、ノンノンからすれば、仲良しのムーミンではあっても、かれにはまだノンノンの知らない面があるにちがいない。しかし、それでもムーミンは、自分の一面的な影を大胆にも信頼している。しかもかれは自分の一面的な影に導かれ、ノンノンを救けに来てしまうほど、彼女が知っているとおりのムーミンであった。そういうムーミンであるから、このわたしのことをムーミンにふさわしい見方で、あるがままに見ていてくれる。ノンノンを鏡の世界から救ったのは、おそらくこの素朴とはい

え、大切な実感であったのだろう。自分が誰からどのように見られるのかは分からない。しかし、ムーミンにふさわしい見方で、かれに見られているこの「わたし」は、今ここにいる。このたしかな実感によって、彼女はいつものノンノンに、ようやくひきもどされたのである。

見知らぬ人々が
いつも眼差しをむけている
しかし
そうした人々の間で
人は人間となる

見られているという感覚は、わたしたちにとって不安の源泉である。と同時にまた、それはわたしたちが人間として成長するための不可欠な試練でもある。そして、この試練と正面から向き合うとき、それを乗り越える道は、自分のなかには見当たらない。まさにこのことが分かるのである。なぜなら、自分とはいつも、単なる思い込みの「わたし」でしかないのだから。その道はしばしば身近な人々とのかかわりのうちに発見される。わたしたちはそのことを、思い込みが際限なく空転した後になってから、しかし際限ない空転の貴重な成果として、ようやく知るのである。ムーミンのシリーズのなかで、どこか言いようのない不安を呼び起こすこの話は、他者が自分にむけてくる眼差しといった、人間にはおそらく逃れようのない問題を、どことなく語り示している。そして、わたしたち人間にとって何が大切かを、この話は見事に描いていたのではなかろうか。

第3節　見知らぬ人々の眼

フィヒテの難解な命題が明かす秘密

さて、フィヒテの難解な命題は、どのようなものであったろう。〈わたし〉はみずからのうちに、〈わたし〉を部分的に立てるとともに、これと対立する〈わたしではない何か〉を部分的に立てる。これはまさに、鏡を見たときのことを表現していたのである。部分的に立てられる〈わたし〉とは、そのつど鏡に映る自分自身の一面のことである。これと対立する〈わたしではない何か〉とは、わたし自身でありながら、まだ知られていない茫漠とした「わたし？」の、不確かな全体像にほかならない。したがって、それはよく知られている〈わたしではない何か〉であり、それでもこのわたしでなければならない、いわば自分自身に秘められた膨大な側面である。

しかし、わたしたちの実情からすると、たとえ全貌ではなくとも、自分のことは自分自身が一番よく分かっていると信じなければ生活していけない。フィヒテの命題は、この赤裸々な実情を「〈わたし〉はみずからのうちに、〈わたし〉を部分的に立てる」という箇所で浮き彫りにしている。同時にまた、この命題は「部分的に立てられた〈わたし〉と対立する〈わたしではない何か〉を、それでもやはり〈わたし〉みずからのうちに、部分的に立てる」といった、ノンノンが鏡を前にして語りかけていたような不安と関心を浮き彫りにしていたのである。そして、逆説的にも〈わたし〉の知らない茫漠とした「わたし？」の側面は、自分自身によってではなく、他者たちによって保たれているという、わたしの赤裸々な人間的真相をも、この命題は示している。

かくして、デカルトの「われ思う、ゆえにわれ在り」という確信は、その理想化された明白さを暴露され、フィヒテによっ

第Ⅳ章　他人と自分

て人間的な真相へと引き降ろされている。近代哲学はまさにこの境地から、神を根本におく中世の文脈を離れ、現実的な人間個人を起点とする考え方にむかって、ゆっくりと、そして着実に歩み始めるのである。しかし、その道行きには、さまざまな障害がまちうけていた。次章ではそうした障害の一つを見ることにしたい。

第 V 章

秘密と自信
影なんか怖くない

第1節　論理の見えない罠

　哲学のなかには、一つの時代が経験した大変な不幸であると
か、一人の哲学者がもつ異様な劣等感を反映した、実にグロテ
スクなものがある。ひょっとすると、常識破りでグロテスクな
のが哲学の特徴だ、という意見もあるかもしれない。善し悪し
はべつとして、難しければ難しいほど、哲学らしいのではない
か。このように言う人もいる。たしかに、優れた哲学というも
のは、ほとんど例外なく、常識を打ち破る面がある。その点で
の違和感が、たいていの場合、難しいとかグロテスクだという
評価につながっている。しかし、こうした評価のもとになって
いる違和感は、あくまでも第一印象としての違和感である。ほ
とんどの場合、それは特定の哲学が何を論じているのか、その
内容が見えてくる以前の段階で印象づけられる違和感である。
ところが、哲学のなかには、逆にその内容が分かってくればく
るほど、実に嫌な気分になるような、まさにこの意味でグロテ
スクなものがある。以下では、その例を紹介してみたい。

ゾロアスター教の威力

　前章でも扱ったヘラクレイトスは、イオニア地方のエペソス
という都市で生まれ、終生そこで生活した人である。ところが、

第1節　論理の見えない罠

不幸にもこの都市は、強大なアケメネス朝ペルシア帝国の支配に呑み込まれる。そして、ヘラクレイトスには、ゾロアスター教という帝国の宗教から、深刻な影響を被った形跡が認められる。かれの全生涯は、まさにそうした帝国支配の真っ只中にあった。一説によると、アケメネス朝ペルシアの大王ダレイオス（ダリウス）一世（前522—486年）は、ゾロアスター教の原型を巧みに改編して、広大な帝国運営と表裏一体となる信仰のかたちをつくりあげている。神々のなかの最高神アフラマズダーと、諸王を支配する大王というイデオロギーとは、帝国による永続的な支配をめぐって表裏一体化していたともいわれる。

ダレイオス当人は、各地に根差した宗教を原則的に温存しながら、最高神アフラマズダーをうしろだてとする「諸王の王」として、広大な帝国を治めていた。しかし一説によると、かれの後継者でギリシア征服に踏み切ることになるクセルクセス一世（前486—465年）は、すでに支配したイオニア諸地域で宗教改革をおしすすめている。そのような時期に、アテーナイ（アテネ）王家の末裔で、アルテミス神殿司祭であったヘラクレイトスは、おそらく自分の理想から掛け離れた現実に、深く絶望する生涯を送ったにちがいない。

ヘラクレイトス自身のものとされる断片には、次のようなものがある。「死体は糞尿よりもなお放り捨てるべきものである」。また、ある記録によると、かれは病気による最期をとげるときに、医者たちによる治療を拒否している。そして、かれは全身を牛糞で塗り固め、太陽で乾燥させた。すると、犬たちが近寄ってきて、かれを食いちぎったそうである。これだけでも異様な人物像になるが、ヘラクレイトスよりもかなり後の時代を生きた哲学者アリストテレスは、かれについて、以上とはまた異

第Ⅴ章　秘密と自信

なった一面を伝えている。「ヘラクレイトスに会いたいと思ってやって来た客人たちは、家の中に入ってみると、ヘラクレイトスがかまどにあたって暖をとっているのが見え、〔客人たちはその場で〕たたずんでいた」。この様子に気づいたヘラクレイトスは、次のように語ったという。「ここにもまた神々がおられるのだから」。ヘラクレイトスは「そう言って、客人たちに、臆せず入るようすすめた」。アリストテレスはこのように、ヘラクレイトスにまつわる、おそらくは伝承を記している。

　さて、死体を犬に食わせるという行為は、古い形態のゾロアスター教に認められるともいわれる。ゾロアスター教というと、死体を鳥に食わせて処理する、いわゆる「鳥葬」が知られているが、どうやらその極端な死体嫌悪から犬に食わせる習慣もあったそうである。ようするに、ヘラクレイトスはゾロアスター教を強烈に意識していた、ということである。さらに、ゾロアスター教は「拝火教」とも呼ばれ、火の神聖視をその特徴としている。するとどうだろうか。アリストテレスの証言によると、ヘラクレイトスがかまどにあたって暖をとりながら、たたずんだままの客人たちに語ったのである。「ここにもまた神々がおられるのだから」、と。かまどであるから、そこには当然、火があったはずである。ヘラクレイトスは、火があるところを指して、そこに「神々がおられる」と述べている。この一件にもまた、ゾロアスター教との関連が、どこか見え隠れしている。ただし、かれは「神々がおられる」と、複数形で語っている。ダレイオス大王以来のゾロアスター教では、複数の神々が許容されるにしても、聖なる火に象徴されるのは最高神アフラマズダーだけになりそうである。が、仮にそうだとすると、ヘラクレイトスはギリシア的な神々を切り捨てずに残していることに

なる。いずれにしても、かれはペルシア帝国の宗教を強烈に意識している一方、それを単純に受け容れているのかどうか、この点はかなり微妙だといえそうである。ということで、ヘラクレイトスが神について語る断片を、いくつか調べてみたい。

ヘラクレイトスの神

　ある断片では「神は昼にして夜、冬にして夏、戦争にして平和、飽食にして飢餓である」と記されている。また、次のようにも伝えられている。「ヘラクレイトスは、万有は分割されうるものであって、しかも分割されえないもの、生成したものであって、しかも生成しないもの、死すべきものであって、しかも不死のものと言い、またそれは永遠のロゴスである……と言っている」。そしてこれにつづく、ヘラクレイトスの著作から引用されたと思われる箇所には、「わたしにではなく、このロゴスに聞いて、それを理解した以上は、ロゴスに合わせて〔ロゴスと歩調を共にして〕、万物が一であることに同意するのが知というものだ」とある。さらに「知を備えた唯一の存在は、ゼウスの名で呼ばれることを非とし、かつまた是とする」といった断片が現存する。

　いずれを見ても、ほとんど意味不明であることを、まずは率直に認めることにしよう。しかし、それぞれの意味ではなく、論法という点だけに注目するとどうか。論法は一本調子で単純な形式になっていることがすぐに分かる。夜は「昼でないもの」の典型、夏は「冬でないもの」の典型、ということになるから、昼をＡ、夏をＢという方針で記号に置き換えていくと、いずれの断片も一律に定式化できる。すなわち、Ａかつ非Ａ、Ｂかつ非Ｂ、Ｃかつ非Ｃ、……、という論法になっているので

ある。そして、全体の主語は神ないしロゴスということになるので、結局のところ、ヘラクレイトスの神（ロゴス）はAかつ非A、Bかつ非B、Cかつ非C、……になっている。おそらく、この系列はいくらでも続くのであろうし、A、B、C、……には何を入れてもかまわないのであろう。しかし、ヘラクレイトスはこの奇妙な神を、いったいどのように思いついたのだろうか。この問題は、ヘラクレイトスに先行する古代ギリシアの天才たち、とりわけタレスの偉業と対比すると見通しがついてくる。

タレスの偉業とその神秘化

すでに論じたように（第Ⅰ章の第1節を参照）、タレスは神話の威力に屈することを拒否しつつも、単純な意味で神話に反逆したのではなかった。神々のいる天上の星座が、地上の出来事や人間の運命すべてをどのように支配しているのかは、もともと人知を超えている。しかし、その一方、実際に小熊座は北という方角を常に支配している。この事実を率直に認めるかぎり、神々の支配力に感謝してもよいし、小熊座は正確に北を教えてくれる星々の配置だと理解してもかまわない。神々に感謝しつつ、人間の目からすれば星々の配置にすぎないと理解することもできる。また、素朴に小熊座が北の印だと信じても、一向にかまわない。人知を超えた事柄についての見解は保留にして、ともかくも小熊座が北の方角を支配していると信じれば、航海の安全が確保されると同時に、わたしたちの目からは、どの星座も単なる星々の配置に見えるという事実も否定されないのである。このように、タレスは神話の威力そのものを、人間が方角を知るための拠りどころへと転換していた。

第1節　論理の見えない罠

　ここで、以上のようなタレスの結論を、あくまでも事後的に
整理するとどうなるだろうか。星座はすべてを支配し、しかも
支配しない。現に小熊座は、北の方角を支配しているとはいっ
ても、それ以外のことまでを支配しているとは言いきれない。
このようになるだろう。これをさらに一般化すると、なにごと
であれAかつ非Aである、ということになる。実際、このよう
に考え始めると、あらゆるものごとがこれで定式化される。た
とえば、タレスの偉業も驚くに当たらず、小熊座は北の方角を
支配し、かつまたしていない、といったように、Aが達成され
たとき、機械的に「Aかつ非A」と切り返しておけばよい。な
ぜなら、このように切り返しておけば、いずれ誰かが遠方まで
航海して、この予言を実証してくれるからである。すなわち、
南半球では小熊座は星空のどこにもなくなり、北極の近くでは
小熊座が真上にくるため、方角を教えてくれなくなる。このよ
うに、小熊座は北の方角を支配し、かつまた支配していない。
北半球の中緯度地域でのみ、小熊座は北の方角を支配し、しか
も南半球ではその姿を消すのである。

　かくして、予言は見事に的中する。ヘラクレイトスによると
「神は昼にして夜」であった。そのような事態は、たとえば月
面上に行くと、太陽が上空にあるにもかかわらず、空は真っ暗
であるため、まさに「昼にして夜」ということが起こる。この
ように、かれは20世紀のアポロ計画で実証されることまで、遠
い昔に予言している（？）。かくして、神は「昼にして夜」と
いった、不可能に思えた事態をも引き起こす、という予言の的
中になるであろう。ここでは現在において分かりやすい例を用
いたが、古代から知られていた日蝕の場合なども、この「昼に
して夜」に相当する。同様に「冬にして夏」もまた、それほど

第Ⅴ章　秘密と自信

異様なことではない。ある観点からすると、異様であるどころか、あっけにとられるほど当然のことである。

たとえば、エーゲ海地域が冬のときでも、エチオピアは夏としかいえない気候である。いわゆる経済戦争は「戦争にして平和」である。また「原子」という言葉は、ギリシア語で「分割できないもの」という意味をもつが、あらゆる物質の基本単位である原子は、現代物理学では素粒子へと分割される。このことからすると、原子は「分割されうる」が、語の意味では「分割されえない」のである。したがって、ヘラクレイトスが言うように、まさしく「万有は分割されうるものであって、しかも分割されえないもの」である。

ようするに、Ａということが主張されたとき、ともかく機械的に「Ａかつ非Ａ」と予言しておけば、いずれ誰かが非Ａを実証してくれる。そして、Ａが確実になったときに、その時点では異様に思えても「非Ａ」を主張しておけば、異様であればあるほどそれが実証されたとき、予言「Ａかつ非Ａ」はすごみをもつ。しかも、すごみがあるほど、今度は誰もが必死に「非Ｂ」を、さらには「非Ｃ」……を発掘してくれるのである。以上のようなことを、専門用語で「予言の自己成就」と呼ぶのだが、ヘラクレイトスの神（ロゴス）はいずれ必ず成就する予言の形式になっている。だからこそ、神はＡかつ非Ａ、Ｂかつ非Ｂ、Ｃかつ非Ｃ、……と表現されていた。しかも、この異様な表現は、ヘラクレイトス当人の言い分として聞かれてはならない。「わたしにではなく、このロゴスに聞いて、それを理解した以上は、ロゴスに合わせて、万物が一であることに同意するのが知というものである」。Ａかつ非Ａ、Ｂかつ非Ｂ、Ｃかつ非Ｃ、……は、ヘラクレイトスの言い分ではなく、かれを介し

て啓示された神（ロゴス）にほかならないからであろう。

いうまでもなく、非A、非B、非C、……を際限なく追究する労力は、人間たちに課されている。とはいえ、その成果があげられると、すべては自己成就する神に吸い上げられるのである。そして、この神はタレスの功績を初めとする、ギリシア自然学の成果すべてを余すところなく回収し、将来にわたって人間たちの労力を吸収しつつ威力を増していく。ヘラクレイトスは、こうした異様な神を立てることで、ギリシア文明とギリシア世界を統合する新宗教を打ち出していたのである。ロゴスとは非A、非B、非C、……といった、いわば将来にむけた期待の「影」であり、しかも、それらを求めて人間たちが費やす労力をあらかじめ奪い取る、神の啓示にほかならない。この神はさらに、自然界の発展プロセスにおいては、火の姿をとると考えられている。

円環的な自然の発展

古代ギリシアでは火の元素というと、わたしたちの理解とはちがって、それ自体は光を発するものでも見えるものでもない。今日風にいうと、熱とかエネルギーに相当するのが火で、光はこれによって周囲の空気が激しく活動する様子であると考えられたらしい。そして、火がエネルギーを失っていくと冷えた「アイテール」と呼ばれる元素に変化する。これは上空を満たしている元素で、冷えたとはいえ、昼間の空が明るいのはこれが活動性を増すからである。アイテールがさらにエネルギーを失うと、空気、水、土といった元素へと形態転換を遂げる。こうして、最終的には「プレーステール」という元素になると考えられていたようだが、これを「竜巻」や「熱気流」とする解

釈、あるいは「熔岩」とする解釈など、現在でもまだよく分かっていない。しかしながら、プロセス全体の成り立ちからすると、最も活動性が衰え（A）、しかも活動性が高い（非A）といった、ヘラクレイトス一流の論法に合致しそうなのは、熔岩ではないかとも思われる。いずれにせよ、プレーステールは再び土、水、空気、アイテールへと形態を変え、もとの火にもどっていく仕組みになっている。

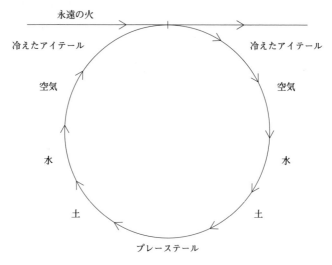

上図では、たとえば火の元素すべてがアイテールの元素に変化し、アイテールの元素すべてが空気の元素に変化するといった印象になる。しかし、そうではなく、等分割というのが基本のようで、火の元素すべてのうち半分だけがアイテールの元素に変化し、残る半分はその後も火の元素として世界を構成する。したがって、円環の最下部はすべてがプレーステールになった状況ではなく、火、空気、水、土はもちろん存在して、土の元

第1節　論理の見えない罠

素すべてのうち半分だけがプレーステールに変化しきった状況を表している。他方、火からアイテールへの変化が始まった円環の上部では、まだ火とアイテールの元素しか存在していない。ということは、現在の状況は最下部に近いところに位置していることになる。そうでなければ、これらの元素すべてが出そろっている、現在の自然界と合致しないからである。さらに分かるのは、多様な元素に満たされた現在の状況から、いずれプレーステールがなくなり、土がなくなり、といったように、この自然界は火への一元化を運命づけられている。

　今日の理解で、熱やエネルギーがそう考えられているのと同様に、ヘラクレイトスの言う火は自然現象や生命現象の源として常に活動している。永遠の火（活動性の源）というと、現代科学におけるエネルギー保存則に相通じ、また火（熱）への回帰というと、エントロピー増大の法則を思わせるところがある。しかし、この点は、あくまでも推測にとどめるほかない。

永遠の回帰と全体主義のイデオロギー

　いずれにしても、以上のように、ヘラクレイトスは永遠に回帰する自然の歴史を構想していた。かれにとって、時間というものは、永遠に回帰するといった一面をもっているといえる。と同時に、永遠の火（保存されるエネルギー）に関しては、時間の経過ということが問題にならない。火にとっての時間は文字どおり「永遠」なのである。しかも、円環の一点に位置する人間にとっては、諸元素が相互に形態転換する優勢な一方向に、すなわち直線的に時間が経過するように思える。ヘラクレイトスの論法を借りれば、時は永遠であり、しかも永遠でなく、回帰しかつ回帰せず、直線的でありかつない、といったことにな

119

第V章　秘密と自信

るだろう。他方、ゾロアスター教では、直線的な一回性の時間が基本であった（第II章の第1節を参照）。火に象徴される最高神アフラマズダーは、直線的な時間を超越し、それを支配していると信じられていたのである。

　ヘラクレイトスの神（ロゴス）は、ゾロアスター教の最高神と同様、火の姿をとっている。しかし、時間的な性格からすると、ヘラクレイトスの神はゾロアスター教の神とは異なっている。かれの神は、ゾロアスター教の神を、その一面として回収しているのである。これはどういうことであろうか。ヘラクレイトスの論法からすると、神は唯一至高であり、かつない、ということになりそうである。つまり、かれの信じる神は単数であり、しかも複数なのである。この点でも、ヘラクレイトスの語り示す神は、原型となるゾロアスター教の神だけではなく、ダレイオス大王の多神教を認める最高神、さらにギリシア伝統のオリュンポスの神々までをその一面として取り込む性格を呈している。しかし、かれはなぜ、このようなとてつもない神を立てているのであろうか。

　おそらく、ヘラクレイトスの考えからすると、ペルシア帝国の支配に対抗して生き延びるためには、ギリシア世界がこの帝国と対抗できる全体主義のイデオロギーを完成させなければならなかったのだろう。かつて、ナチス・ドイツは旧ソ連の強大な全体主義と対抗するために、自由主義陣営も全体主義化する以外、生命線は残されていないというイデオロギーを打ち出した。そのもっとも古い形態が、実はヘラクレイトスだったのである。ニーチェ（1844—1900年）の著作が影響力をもったこともあって、通俗的には、あたかもゾロアスターに「永遠回帰」の原型を想定する傾向がある。しかし、ゾロアスター教は何度

第1節　論理の見えない罠

も述べたように、ユダヤ教や後のキリスト教とも相通じる直線的な歴史観を基調としていた。そして以上からすると、いわゆる「永遠回帰」とは、ヨーロッパ文明の母体であるギリシア社会が、アケメネス朝ペルシアの全体主義に直面したときの一動向であった。それは自然学の成果を総動員することで異様なまでに洗練された、いわば「対抗全体主義」とでも表現できる〈宗教＝自然学〉イデオロギーの際立った一側面にほかならなかったのである。

　ヘラクレイトスの哲学は、以上のように、どこか嫌な気分にさせられる内容である。いかがわしさがあるとはいえ、一度でもこれにはまりこむと、Aかつ非A、Bかつ非B、Cかつ非C、……といった神に、からめとられてしまいそうな、どこかそういうところがある。しかも、この哲学は当時まで高度に発展した、ギリシア自然学の全成果を結集している。かつて、有名なソクラテス（前470／469—399年）がヘラクレイトスの著作を読んで、理解できた少数の箇所だけでも驚嘆に価する内容であった、と語ったとも伝えられているが、やはりそのような著作であったのだろう。しかしそれは、ペルシア帝国の支配下にあったエペソスのヘラクレイトスと、その時代の悲劇に由来する思想にほかならなかったのである。そして、これとよく似た哲学が、近代に再び登場している。

ヘーゲルの弁証法

　次にあげるのは、ヘーゲル（1770—1831年）という、ドイツ観念論を代表する哲学者が遺した自然哲学の一節である。まずはこれを理解しようとするのではなく、あくまでもその「分からなさ」を実感するために、ともかくも読んでみよう。「自然

第Ⅴ章　秘密と自信

は自己自身に関係している絶対精神である。絶対精神の理念は
認識されているので、この"自己自身に"もまた一つの規定と
して、さらにはそのように関係している精神も、実在的な絶対
精神の一契機として認識される。自然が受け取られるその仕方
は、とらわれるところなく自己と等しい、という在り方として
ではなく、一つのとらわれた精神としてである。このとらわれ
た精神の現実存在は無限であり、あるいはその自己への反省に
おいて、同時に解放であり、他であるというこのことにおいて、
自らを絶対精神としてみる精神への移行である。したがって、
自然の意図は、ただ精神の理念として現れるように自らを規定
するだけではない。それは一つの規定として、絶対に実在的な
精神に対立し、それが絶対精神であろうとする本質に対して他
であるという、まさにこの矛盾を、自己自身のもとにもつ理念
として現れるよう、自己を規定するのである」。読者の大半は、
おそらく、このすさまじい難解さに驚愕したのではなかろう
か。そして、ヘーゲル哲学の分からなさを、本書の著者と共有
してもらえたかと思う。さて、問題はこれをどう理解するかで
ある。

　多くの場合、上記の一節はとてつもなく高度な論理を用いて
いるように思え、そして自分には追従できないといった絶望感
を呼び起こす。しかし、ものごとを理解する方法は、論理だけ
とはかぎらない。意味不明な論理の展開に出会ったとき、これ
は論理などではなく、実は心理なのではないかと疑ってみると、
意外に分かりやすくなることがある。そこで試しに、ヘーゲル
が「絶対精神」と言っているものを、理想どおりになった「本
当の僕」に置き換えてみよう。そして、かれの言う「自然」を
「現実の僕」に、また「精神」を「僕」に置き換え、その他を

第1節　論理の見えない罠

これに即した平易な表現にすると、いったいどうなるだろうか。実際にこの置き換えをしてみると、次のようになる。論理ではなく、心理を描く目的から、文体が一挙に変わって滑稽になることをお許し願いたい。

《言っておくけど、現実の僕は自分自身だけに関心がある（関係している）のであって、そのかぎりで本当の僕なんだ！だけどね、本当の僕という理想どおりの状態（＝理念）は、もう認識しちゃったんだよねェ。だから、こんなふうに"自分自身に"関係しているってことも、一つの妥協（＝規定）にすぎないんだ。それにね、一つの妥協で関係しているこの僕だって、とことん満足した（＝実在的な）本当の僕になるための、ほんの一つのきっかけ（＝一契機）として認識されてるだけなんだ。現実の僕が受け容れられるその仕方はというと、残念だけどそれは何によってもとらわれてないような、つまり現実の僕と本当の僕とが等しくなったようにじゃなくって、いつも一つのとらわれた僕としてなんだよ。こんなふうにね、とらわれた僕の現状（＝現実存在）はどこまでも際限なくつづく（＝無限である）けど、でもそんな僕自身に目をむけてみると（＝反省）、同時に解き放たれた気分になるんだなァ。だって、理想どおりではないってこと（＝他であるということ）で、自分を本当の僕としてみる僕へと移って行けるんだもん。だからね、現実の僕の意図はね、ただ僕の理想どおりの状態（＝理念）がそのまま実現するように、自分のことを決めるってことだけじゃないんだ。それは一つの妥協として、絶対にとことん満足した（＝実在的な）僕には対立するけどね、それが本当の僕であろうとする願い（＝本質）からすると、理想どおりではないっていう（＝他である）、まさにこの矛盾まで僕自身のものになってるよ

123

第Ⅴ章　秘密と自信

うな、そんな理想どおりのすごい状態（＝理念）でちゃーんと
実現するように、自分で自分のことを決めちゃおう。》

　ほぼ以上のようにパラフレーズできる。論理はまったく変更
していない。見てのとおり、ヘーゲルの「絶対精神」は、実に
天真爛漫な子供心を理屈で固めたものだったのである。ようす
るに、自分自身だけが関心の的で、他はどうでもよく（無）、
矛盾まで自分が満足するための道具になるのだから、遠慮もた
めらいも吹き飛んで、もう怖いものなしということである。い
くらなんでもこれでは、と思えた読者には、ヘーゲル自然哲学
からの引用そのものを、再び読みなおしてみていただきたい。
ただし、わがままな子供の理屈っぽい言い分として、さきほど
驚愕した抽象論の一節に付き合うということである。そこには
やはり、天真爛漫な子供の姿が見えてくるはずである。幼児心
理だと分かって付き合ってやれば、それほど腹も立たないもの
である。まさにこれが、ヘラクレイトスのロゴス、すなわちA
かつ非A、Bかつ非B、Cかつ非C、……の近代版にほかなら
ない。これによって、ヘーゲルは壮大な哲学体系を樹立したこ
とに、少なくともなっている。

　ヘーゲルは常日頃から、誰かに見すかされているような不安
に襲われて、しばしば後ろを振り返ったと伝えられている。こ
れはかれの弁証法によって操り人形のように動く「絶対精神」
が、実は自らの幼児心理を過剰な理屈で武装した、いわば自分
自身の「影」であることに、どこか気づいていたからかもしれ
ない。いずれにせよ、とてつもなく高尚に見える哲学で、しか
もそれが理解できるとそれだけで何かが得られる「かのよう
な」ものには、どうやら警戒したほうがよさそうである。自分
自身に関係し、自分の負い目を他者に投影しながら、矛盾を原

動力にして他者の支配にむかう絶対精神とは何か、次節ではこの点を教えてくれるメルヘンにあたってみることにしたい。

第2節　ペテン師の読心術

　ここでは、論理の罠を暴露してくれる、ムーミンの優れた作品を紹介したい。それは「影なんか怖くない」と題された、非常に考えさせられる緻密なストーリーであり、秘密をもつということの真相が深く追究されたメルヘンの傑作である。とはいえ、前節で解説したような難解さは、まったく持ち合わせていない。具体性のなかで、わたしたち自身に考えさせる、そのような作品である。

見つめられると気になるのは何故？

　ムーミンが道を歩いている。それに気づいたミイは、すぐに大きな樹の陰に身を隠す。ミイはいかにも何かをたくらんでいる。他方、ミイに気づいていないムーミンは、ひたすらてくてくと、ミイが隠れている樹の近くを通りすぎていく。するとミイは、通りすぎたムーミンの後ろ姿を、するどい視線でジーッと見つめながらこっそりとつけていく。しばらくすると、ムーミンはなぜか心が落ちつかなくなり、ふと立ち止まる。誰かに見つめられているような、どこかそんな気がしたからである。そして、かれは周囲を見まわし、後ろを振り返ると、思ったとおり見つめられていたことが分かる。「なァんだ、ミイか！」ムーミンがそう言うと、ミイは勝ち誇ったように「振り返った、振り返った、声もかけないのにやっぱり振り返った！」と大よろこびする。ミイによると、後ろから気づかれないようにジー

第Ⅴ章　秘密と自信

ッと見つめていると、見つめられている人はそわそわして必ず振り返るという。この二人は同じいたずらを次にノンノンに試してみるが、物陰からジーッと見つめられた彼女は、やはり振り返った。

しばらくすると、三人はふと誰かに見つめられているような気がして、周囲を見まわす。すると、遠くからムーミンパパが、かれらのほうを見ていた。これに気づいたムーミンは、ムーミンパパのところへ駆けより、それまで自分たちのことを見つめていたのかどうか質問してみる。すると、ムーミンパパはそのとおりだと答え、子供たちが見つめられると振り返るようになったのは、他人の目が気になりだしたからであり、ムーミンたちが大人になりかけた証拠だと説明する。しかし、眼差しのいたずらを覚えてしまったムーミンたちは、もう面白くてしかたがない。それで、このいたずらをする相手がどこかにいないかと、再び探すのであった。

すると、スナフキンが川で釣りをしていた。そこでさっそく、かれらは草むらの陰に身を隠し、三人そろってジーッと、スナフキンの後ろ姿を見つめる。しかし、釣りに集中しているのか、他の人たちとはちがって、かれはまったくそわそわしない。このためミイは、精いっぱいジーッと見つめつづけることに、とうとう疲れ果ててしまった。他の二人も、これはもうだめそうだ、と思い始める。そして、ミイは呆れたように言う。「ねーェ、スナフキンてさ、見かけは大人だけど本当は子供なんじゃない？」しかし、ムーミンが草むらの陰でくしゃみをすると、スナフキンはようやく子供たちに目をむけた。「やー、みんな」。かれはこうして、いつものように、やさしい声で子供たちに語りかけてきたのである。

第2節　ペテン師の読心術

かわいそうな犬の話

　いたずらに夢中であったムーミンたちにとって、これは大変な驚きであった。なぜスナフキンは、後ろからあれほど見つめられても平気なんだろう。かれらはスナフキンに、眼差しのいたずらについて話し、疑問をなげかける。すると、スナフキンは釣りをしながら、子供たちにある言い伝えを語る。それは一匹の犬のことを伝える昔話であった。

　あるところに、道行く人の後ろからこっそりとついていって、ジーッと見つめる犬がいた。そしてジーッと見つめられた人が、そわそわして振り返ると、大よろこびして逃げ去る。犬はそんないたずらをいつも繰り返していた。ところが、あるとき、その犬は自分が誰かにいつも見つめられているような気がして、どうにも落ち着かなくなる。いったい誰が自分を見つめているのか、その犬はずいぶんと探してみる。しかし、どうしても分からない。それでも自分はたしかに見つめられている。こうして、犬は落ち着けない日々を過ごさなければならなかった。ところが、あるとき、いつも自分を見つめている相手が誰か、ついに分かったのである。それは自分の影ぼうしであった。影ぼうしは自分につきまとって、いつもジーッとこちらを見つめている。犬はそれに気づき、自分の影ぼうしから逃れようとする。しかし、影ぼうしは、どこまでもどこまでもつきまとってくる。そして、いつも自分のことを、黙ってジーッと見つめているのである。逃れようのないこの不安から、犬は自分の影ぼうしにおびえ、かわいそうにノイローゼになって死んでしまった。

　ムーミンたちはスナフキンの話に聞き入っていた。しかし、ムーミンは疑問に思う。「えー、影ぼうしに見つめられたのォ、信じられないなァ？」ミイも「言い伝えなんてあてにならない

第Ⅴ章　秘密と自信

わよォ」と言う。ともかく、かれらは自分たちのいたずらが、どれほど威力をもつのかを試したくてしかたがない。スナフキンには効かなかった分だけ、自分たちの眼差しの威力を、ほかに試してみたくなったのである。そして、スナフキンの忠告をよそに、いたずらをくりかえして大騒ぎする。スノークもヘムレンさんも、三人がこっそり見つめていると、やがてそわそわし始め、振り返ってかれらを見つけると、ようやく安心した。本当に大人は見つめられるのに弱いようだ。ミイは楽しくてしかたがない。「ねーェ、今度は誰を見つめましょうか？」そうこうしているうちに、子供たちは、初めて見る人物が丘の上からどこかを眺めている現場にでくわす。その人物は小太りでちょびひげをはやし、真っ黒な衣装で、腰にひょうたんをさげ、晴れた日なのに黒いこうもり傘をさしている。このように、どこから見ても実に怪しげな人物が、そこに立っていた。しかも、この怪しげな人物は、まだ子供たちに気づいていない。

秘密をもらす影ぼうし

　ミイはさっそく、初めて見るこの奇妙な人物の後ろに立って、ジーッと眼差しをむける。しばらくすると、この真っ黒な衣装をまとった人物は、不自然なほどゆっくりゆっくりと顔をこちらにむけてくる。そして、ギョロッとしたかれの大きな目はもうそれだけで、いたずらに熱狂していた子供たちの心を、たちどころに凍りつかせたのである。その目は、こちらを見つめているようでありながら、それでいてまったく何も見ていないような、また、こちらのことを鋭く詮索するようでいて、実のところ他人にはまったく関心がないような、どうにもいいようのない威圧感をもっていた。そんな目で見つめられたムーミンた

128

第2節 ペテン師の読心術

ちは、その場で身動きがとれないほど緊張してしまう。ところが、次の瞬間、かれは「おれの名前、分かる？」と、ムーミンたちに問いかけたのである。意外な問いかけであった。もちろん、子供たちは、初めて出会ったかれの名前を知っているはずがない。それで「分からないよ」とムーミンはこたえた。すると、怪しげなこの人物は「カゲミーロ」と名乗る。

ムーミンは相手から名前を聞かされたので、自分も「ぼくの名前は……」と名乗ろうとした。すると、いきなりその人物は言う。「あー、おれには分かるんだ」。そして、かれはムーミンの影ぼうしにむかって声をかけた。「おい、影ぼうし！　おまえの主人の名前は何ていう？　エッ、なに、ムーミン。うーんそうか」。カゲミーロはさらにムーミンの影ぼうしに語りかけ、影ぼうしに耳を傾ける。「おい！　おまえの主人は今朝、朝ご飯に何を食べたんだ？　んー？　目玉焼きにサラダだって。んー、目玉焼きは床におっことした。んあーあ、もったいないことをしたな」。ムーミンはギョッとする。すべてそのとおりだったからである。

カゲミーロはミイの影ぼうしに、その次はノンノンの影ぼうしに語りかけ、耳を傾ける。そしてカゲミーロは、ミイやノンノンが誰も知らないと思っていた自分のことを、たてつづけに指摘していく。子供たちは愕然とする。一方、カゲミーロは自慢そうに笑いながら「逃げてもむだだ！　影ぼうしからは逃げられないんだぜ。影ぼうしはいつも一緒さ。そして、おまえたちのすることをジーッと見つめてるんだ。……いいかい？　おまえたちの影ぼうしは、おれさまの子分なんだ。ということは、おまえたちも、おれの子分ということになる。また会おうね。それまで影ぼうしを大切に扱いなよー」と言い放ち、そこを離

第Ⅴ章　秘密と自信

れていった。

　困り果てた子供たちは、影ぼうしを追っ払う方法はないかと、スナフキンに相談する。ところが、かれは「ぼくにはどうにもできないな。でも、きみたち自身にはできるはずだよ」と言う。ムーミンは問い返す。「どうするの？　どうすればいいの？」スナフキンはこたえる。「気にしないことさ。影ぼうしが見ていようと、見ていまいと、つまり他人の目なんか気にしないで、思うとおりに暮らしていればいいんだ」。スナフキンはこのように、そっけないほど、実にたんたんと語るだけであった。

　早くもその日のうちに、ムーミン谷の住人たちは、カゲミーロによってムーミンたちがされたのと同じことをされたようで、誰もが自分の影ぼうしに恐れおののいている。昼のうちから、皆それぞれの家に閉じこもり、影ができないように部屋を暗くしていた。スノークなどは知られたくない秘密を、よほどカゲミーロに聞き出されたようで、影ぼうしができないようにと、布団をかぶったままベッドでおびえている。「にっくきは、あのカゲミーロめ！」スノークはこう怒りをもらす。

　そして、真っ暗な夜になってから、住人たちは対策を立てるために、曇り空から月の明かりがもれないことを祈りながら、村の集会場にむかって歩いていく。誰もが小さなロウソクの灯火だけをたよりに、闇夜のなかをぞろぞろと歩く、実に異様な光景であった。ところが突然、雲のあいだから、明るい月が顔をのぞかせる。その光は、たちまち地面に住人たちの影ぼうしを、くっきりと映しだした。すると、住人たちはパニックになり、自分たちの影ぼうしに追いかけられるようにして、それぞれの家にむかって逃げ出していく。ところが、住人たちが逃げ去った後に、一人ぽつんと立っている人影が見える。それはス

130

ナフキンであった。

影の沈黙と無力な魔術

　カゲミーロは、脅すのを一人だけ忘れていたのかと思い、スナフキンに近づく。そしてかれは、それまでのように、スナフキンの影ぼうしにむかって語りかけ、耳を傾ける。ところが、カゲミーロの問いかけにたいして、影ぼうしは沈黙したままである。スナフキンは後ろ姿のまま、カゲミーロがしていることをまったく気にしていないかのように、ただ平然とそこに立っている。このため、カゲミーロはあせりだし、こんどは命令するような口調で、スナフキンの影ぼうしに語りかけた。「おまえの主人の名前は何ていう？　言え！　何ていうんだよ？　んもー、言えったら言え！　ちくしょう！」それでも影ぼうしは何も答えない。スナフキンは後ろ姿のまま平然と立っている。そしてついにカゲミーロは叫ぶ。「覚えてろ、怪物め！」こうして、カゲミーロはスナフキンを罵りながら、どこかへ去っていった。

　翌日、ムーミンパパたち大人は、恐れるだけではどうにもならないということで、自分の影ぼうしとの闘いを決意する。そして、誰もが手に剣やスコップをもち、地面に映し出される自分の影ぼうしにむかって、絶望的な闘いを挑むのであった。こういうわけで、村の地面は穴だらけになっていく、しかし、当然のことながら、自分の影ぼうしを退治することなどできはしない。闘いに疲れた住人たちは、自分たちの影ぼうしを前に、ただ呆然とするほかなかった。すると突然、各人の影ぼうしが、自分たちからスーッと離れていくではないか。どうやらカゲミーロが住人たちの影ぼうしを操っているようであった。影ぼう

第Ⅴ章　秘密と自信

しから解放されて、かれらはようやく安心する。しかし、カゲ
ミーロが呪文を唱えると、各人の影ぼうしはもとどおり住人た
ちのところにもどって、ぴったりと各人の足元にくっつく。こ
の脅迫によって、しかたなく住人たちは、カゲミーロの要求に
したがうことにする。

　カゲミーロは、ムーミン谷が気に入ったということで、まず
自分に家を提供するよう求める。これにたいして、住人たちは
話し合いにより、スノークの家を提供することになった。とこ
ろが、そこにスナフキンが登場し、だまされてはいけないとう
ったえる。「みなさん！　どうして影ぼうしを恐れるんです。
影ぼうしには何の力もありません。影ぼうしが見つめていたっ
て、かまわないじゃないですか」。スナフキンは住人たちにむ
かってこう言ったのである。

　カゲミーロは、沈黙の影ぼうしを伴うスナフキンを、あのと
き以来とても恐れていた。自分の力が、かれだけには通用しな
かったのであるから、このままでは計画がだめになるかもしれ
ない。あせりを隠せなくなったカゲミーロは、ふるえながらス
ナフキンを指さし、影ぼうしにおびえる住人たちに第二の要求
をつきつける。「ヤッや、奴は化け物だよ―……奴はみんなと
違う。……おれはあの風来坊がいるかぎり、話にはのらない
ぞ」。しかし、住人たちは、さすがにこの要求には困りはてる。
しかし、スナフキンはみずから、ムーミン谷を去るという。
「ぼくは旅に出よう、影ぼうしと二人で」。ここにきて、カゲミ
ーロの要求は、ムーミンの許せないものとなった。「カゲミ
ーロ！　ぼくも影ぼうしなんか怖くないぞ。……ぼくの秘密を聞
き出してよろこべばいいよ。ぼくは平気だ！」ムーミンはこう
叫んで、去っていくスナフキンを追うのであった。

第2節　ペテン師の読心術

不安の解消と本当の安心

　しばらくして、カゲミーロは再び奇妙な呪文を唱える。する
と、住人たちの影ぼうしは各人の足元からスーッと離れ、空の
かなたへ消えていった。これでかれらはホッとした一方、影ぼ
うしのなくなった自分たちの姿をかえりみて、取り返しのつか
ないことをしてしまったような、どこか後味の悪い気分になる。
カゲミーロ自身、どこに隠しているのか、影ぼうしがなかった。
それはともかく、カゲミーロはまんまと屋敷を奪い取り、しか
たなくスノークとノンノンはムーミン家に移り住むことになる。
おそらく、カゲミーロの要求は、これからもエスカレートして
いくにちがいない。それでも、ムーミン谷の住人たちにはどう
することもできなかった。スノークもノンノンも怒りをもらす。
誰もが同じ思いであった。

　他方、ムーミンはスナフキンと対策を考える。影ぼうしを誰
よりも恐れているのは、実はカゲミーロ本人ではないのか。お
そらく、誰よりも秘密を隠さなければならないのは、あのペテ
ン師自身にほかならない。スナフキンはムーミンにそう語る。
そして二人は、なんとかカゲミーロの影ぼうしが手に入らない
かと思案した。それはどこに隠されているのだろうか。しばら
くして、ムーミンが一つのことに気づく。カゲミーロはいつも
変なひょうたんを腰にさげている。ひょっとすると、あのひょ
うたんの中に、カゲミーロの影ぼうしが隠されているのではな
いか。ムーミンがそう言うと、スナフキンもそれにまちがいな
いとこたえる。そして二人は、カゲミーロのひょうたんを手に
入れようと決意して、かれがいるスノークの屋敷へとむかう。

　何も知らないカゲミーロは、スノークの屋敷で昼寝をしてい
た。このときとばかり、スナフキンとムーミンは釣ざおをうま

133

第Ⅴ章　秘密と自信

く使って、窓の外からカゲミーロのひょうたんを奪い取る。二人がさっそくその栓を抜いてみると、思ったとおり、真っ黒な影ぼうしがドロドロと、まるで液体のように流れ出てくるではないか。さらには、すっかりひょうたんの外に出て、はっきりとカゲミーロのかたちにもどった影ぼうしは、主人のところへ、つまりカゲミーロ自身のところへむかうのであった。驚いたのはカゲミーロである。恐れおののいたかれは、たまらず屋敷から飛び出してくる。そして「はあーだめー、いやー、よるなよるな、影ぼうしこわーい、……」と叫びながら、影ぼうしに追いかけられて、どこか遠くへ去っていった。

　こうしてペテン師は去り、スノークとノンノンは、再び屋敷にもどれることになった。また、他の住人たちも、これでカゲミーロの理不尽な要求や命令に、もう悩まされずにすむようになったのである。カゲミーロが自分の影ぼうしに追われて去っていくようすを眺めながら、かれらはようやく安心する。すると、どういうわけか、空のかなたから住人たちの影ぼうしが降りてくる。そして、影ぼうしたちは、もとの主人のところへもどったのである。しかし、このときには皆、かつての自然な自分にもどれたような気がして、もう自分の影ぼうしを恐れなくなっていた。

　それからしばらく後のことである。ムーミンとムーミンパパが家の中で会話していた。窓の外からは、いたずら好きのミイが、かれらの後ろ姿をジーッと見つめている。ところが、ムーミンたちは会話をつづけるだけで、ミイにはおかまいなしである。「おかしいわねェ、ちっとも振り返ってくれない」。こうしたミイの呟きとともに、この話は終わっていく。

第3節　自信のある生き方

　以上のストーリーは、おそらく、秘密をもつことの真相を描き出している。この点はまずまちがいないだろう。しかし、他のムーミン作品と同じく、具体的なストーリー展開の各所には奇妙なところがある。さらには、筋書きそのものが、それほど単純ではない。

恐れの屈折した現れ

　ムーミン谷の住人たちは、自分たちの影ぼうしを恐れたのであって、カゲミーロはその恐れを単に助長する役柄になっていた。なるほど、カゲミーロはどこから見ても異様で、謎めいた威圧感と秘密を暴露する強い力をもっていた。しかし、かれはスノークが言うように、あくまでも「にっくきカゲミーロ」であって、恐れられているのは住人たち自身の影ぼうしのほうであった。しかも、影ぼうしから秘密を聞き出せるのは、カゲミーロだけである。ということは、カゲミーロが関わってくるからこそ、また関わってきたそのときにだけ、秘密をもらしてしまう自分たちの影ぼうしは、厄介なものとなったはずである。ところが、住人たちはその影ぼうしを常に恐れるようになる。そして、あたかも影ぼうしが完全になくなってしまうまで、自分たちの不安は解消されないかのような行動をとっていた。このように、冷静に考えると、いつも影ぼうしにおびえているというのは、とてつもなく過剰な反応であったことが分かる。

　結局のところ、不安は影ぼうしがもたらすのではなく、カゲミーロがもたらしていた。よく考えると、こういうことになる

だろう。ところが、奇妙なことに、カゲミーロは住人たちから不安を取り除くことのできる人物として描かれていた。このように、かれは不安をもたらすとともに、不安をなくす者であったことになる。あらためて整理してみると、カゲミーロは矛盾にみちた役柄になっていた。ムーミン谷の住人たちは、実のところ不安とは無関係な影ぼうしに敵意を抱き、実際に不安をもたらしているカゲミーロに救いを求めていたのである。これはストーリーの核心のように思える。

　スナフキンは「影ぼうしには何の力もありません」とうったえていた。かれはそのとき、住人たちの不安が本当は何に由来するのか、そのことを語っていたのではなかろうか。ペテン師カゲミーロがつけこもうとしているのは、気にしなければ取るに足りない、本当にどうでもよいことである。スナフキンはこう告げていたにちがいない。そしてこの理解が当たっているとすれば、ストーリー各所の奇妙な展開は、すべてカゲミーロの矛盾にみちた役柄にむすびつくように思える。

論理の威力とその飛躍

　奇妙な展開は複数ある。たとえば、カゲミーロの影ぼうしはひょうたんに閉じ込められていたが、住人たちの影ぼうしはカゲミーロの呪文によって空のかなたへ消えていった。これはなぜか。カゲミーロは、もっとも恐れていた自分の影ぼうしを、ひょうたんに閉じ込めていつも持ち歩いていた。影ぼうしを自由に操るカゲミーロは、恐れている自分の影ぼうしを、なぜ空のかなたへ追いやってしまわなかったのだろうか。そうしていれば、かれはスナフキンとムーミンに、自分の影ぼうしを解放される心配もなかったはずである。そして、そもそもカゲミー

第3節　自信のある生き方

ロが他人の影ぼうしから、当人の隠そうとする秘密を聞き出せ
たのはなぜなのか。逆にまた、すべての影ぼうしを子分とする
カゲミーロにたいして、スナフキンの影ぼうしだけが沈黙して
いたのはなぜか。これらの疑問は、カゲミーロが「おまえたち
の影ぼうしは、おれさまの子分なんだ。ということは、おまえ
たちも、おれの子分ということになる」と言い放ったことに、
どこか関係していそうである。

　少し考えてみると、カゲミーロが言い放ったことには、大変
な飛躍がある。というのも、仮にすべての影ぼうしがカゲミー
ロの子分であったとしても、影ぼうしの「主人」までがすべて
カゲミーロの子分であるとはかぎらないからである。ようする
に、子分が二人のご主人さまに仕えていても、けっしくおかし
くはないということである。ある特定のときにムーミンの子分
であった影ぼうしが、別のときにはカゲミーロの子分になって
もよく、また仮に同じムーミンの影ぼうしが、ときとしてムー
ミンとカゲミーロの両者に仕えたとしても、それほどおかしな
ことではない。理屈の上からは、いずれでもかまわないのであ
る。にもかかわらず、ムーミンたちは、影ぼうしがたった一度
だけ、カゲミーロの子分になって、しかもほんの少しの秘密を
もらしただけで、自分たちの影ぼうしが完全にカゲミーロの子
分になったと思い込まされている。そして、なぜそう思い込ま
されてしまうのかということが、ここでは重要である。その理
由はなんであろうか。

実情をうけいれること

　理由は単純である。自分の影が自分のものであるためには、
いつでも自分の思惑にしたがった影になっていなければならず、

第Ⅴ章　秘密と自信

隠しておきたい自分の一面を映し出すようなことは許されない。これが理由である。しかし、この要求は、あまりに過剰なものではなかろうか。過剰なこの要求が裏目に出て、住人たちは、隠しておきたい自分の一面を少しでも映し出した影ぼうしが、完全にカゲミーロの子分になって自分たちを監視していると思い込んでしまったのである。ムーミン谷の住人たちは、まさにこのようにして、自分たちの影ぼうしに悩まされるようになっていた。そして、ストーリーが物語っているように、影とは隠しておきたい自分の一面を映し出したものにほかならない。

　普段の生活の中でも、わたしたちの言動は、思惑どおりに伝わる場合もあれば、そうならない場合もある。それはしばしば思惑に反し、ときには隠そうとしていたことを、かえって明かしてしまうものである。人の言動は、そのつど何かを明かしつつ、それによって当人が隠そうとする一面を、いつも影のように伴っている。わたしたちはこの意味で、思惑どおりにはならない自分自身の影を、他者たちの眼差しにさらしているのである。しかし、このことはむしろ、わたしたちの自然な姿だともいえる。

　光があり、そこに人がいれば、人にはかならず影が伴う。影はもともと、光が人の姿を浮かび上がらせるときに、いつも映し出される人の闇である。一個人が人々の間で生きるかぎり、必ず伴っている隠された一面、これが影ではなかろうか。しかし、そうした一面が他人からはっきりと見えるかたちで、いつも自分につきまとっていることに、当人はたいてい気づかないものである。このように、当人にはあまり気づかれず、他人からは見えやすい闇の部分を、わたしたちは「影」と呼んでいるともいえる。光が浮かび上がらせる姿だけではなく、光によっ

第3節　自信のある生き方

て映し出される影をも含めた全体として、一個の人間は生きている。そして闇の部分を映し出す影は、自分でも気づかないまま、他者によって意のままに捉えられ、いやおうなく理解される。しかし、たとえ他人の目に映る自分の影が、自分の思惑どおりに仕えてはくれず、ときとして知られたくないことを他者に告げてしまっても、それはそれでしかたがないとして、わたしたちは生活している。

カゲミーロの秘密

　しかも、知られたくないことの大半は、よく考えてみると誰にでもあるような、つまり定型的で、ありきたりな秘密にすぎない。誰にでもあり、誰もがどこか持ち合わせているため、誰でもよく知っていて、ほとんど誰にでも当てはまる秘密。知られたくない、できれば隠しておきたいと思うことの多くは、結局その程度の秘密ではなかろうか。だからこそカゲミーロは、取るに足りない秘密を、おそらくは住人たちの影ぼうしに映し出された、かれらの動揺から見ぬけたのである。裏面から考えると、カゲミーロという人物は、その種の取るに足りない数々の秘密をよく知っている者であり、住人たちそれぞれの隠し事に類する秘密すべてを、みずから抱え込んでいたことになる。ようするに、カゲミーロは、住人たちと同じ種類の隠し事が露見した経験をもっていただけではなく、そのことにさいなまれつづけていたのである。あたかもこのことを印象づけるかのように、カゲミーロはドロドロとした自分自身の影ぼうしをひょうたんに隠し、それをいつも肌身はなさずもっていた。かれは隠し事すべてを、みずから抱え込んでいたのである。

　ところが、スナフキンだけは、他者たちの目に映る自分自身

第Ⅴ章　秘密と自信

の影が自分の思惑どおりにならない現実を率直にうけいれ、しかも取るに足りない秘密を本当に取るに足りないものとして放置していた。それでいっこうにかまわなかったのである。スナフキンは、あるがままの自分をそのまま自然にうけいれ、自分の影を支配するといった、もともと無意味な労力から解放されていたのではないだろうか。

　光があれば、かならず影ができる。しかし、光がなければ、わたしたちの視力は働かない。いかに強力な眼差しであっても、光がなければ、何も捉えることはできないのである。太陽の光であろうと、月の光であろうと、また、たとえそれがほんの小さな灯火の、実にささやかな光であったとしても、光は人の姿と人が生きるかたちを見えるようにし、人と人の間を照らし出すだけではなく、その間に生かされた一個の人間に伴う影をも、そのつどあるがままに映し出す。映し出される自分の影ぼうしを恐れてはならない。なぜなら、影は光の賜物にほかならないのだから。光は影を与えることによって、人の眼差しが見えやすいものだけを捉えて安住する怠惰を、いつもそれとなく戒めてもいる。このきわめて当然のことを、そしてただそれだけのことを、スナフキンは正直にうけとめていた。「影ぼうしが見ていようと、見ていまいと、つまり他人の目なんか気にしないで、思うとおりに暮らしていればいいんだ」。ムーミンの不安にたいするスナフキンの助言は、このことをたんたんと、しかし雄弁に物語っていたのである。

実は心理であった強力な論理

　ところで、もともとカゲミーロは、影ぼうしという子分が映し出す主人の動揺から、その主人の秘密を察知するのであった。

140

第3節　自信のある生き方

そうしたカゲミーロに、スナフキンの影ぼうしが何も教えなか
ったのは、むしろ当然のことであったのだろう。なぜなら、ス
ナフキンは、影ぼうしを思惑どおりにしようとは考えず、初め
からそのような主人であることに見切りをつけていたのだから。
「ぼくは旅に出よう、影ぼうしと二人で」。この言葉にも表れて
いるように、スナフキンの影ぼうしは子分ではなく、いつも自
分と共にある単なる影ぼうしであった。他の人に見つめられた
自分の姿は、自分の子分でありつづける必要などまったくない。
そうすることなど誰にもできないことを、スナフキンはよく知
っていた。かれにとって、子分としての影ぼうしは、そもそも
必要なかったのである。「影ぼうしが見ていようと、……思う
とおりに暮らしていればいい」。しかもそのように暮らすこと
は、誰かにそのようにしてもらうというのではなく、自分自身
の問題である。「ぼくにはどうにもできないな。でも、きみた
ち自身にはできるはずだよ」。スナフキンはまさにこう語って
いる。

　他方、住人たちを悩ませた影ぼうしは、カゲミーロの呪文に
よって天上に消えていった。誰の目からも、またいつでも住人
たち自身の思惑にしたがうような影ぼうしなど、単なる幻影か、
わがままな者が望む、無ければ無いほうがいいような空しい幻
想にすぎない。だからこそ、かれらの影ぼうしは、その種の幻
想にふさわしいところ、つまり誰も手の届かない天の上へと消
えていったのである。しかし、不安の出どころであったカゲミ
ーロが去ってしまえば、影ぼうしに不安を抱く理由もなくなる。
スナフキンがうったえたように、影ぼうしにはもともと何の力
もない。住人たちは、この当たり前のことを、あらためてうけ
いれたのである。

141

第Ⅴ章　秘密と自信

眼差しをむける者
かれはすべての影を支配する
しかしこの支配者も
みずからの影からは逃げられない
誰かの眼差しが
いつも自分にむけられているのだから

　ストーリーを想い起こしてみると、背後から見つめられても、まったく振り返らない人物が二人いた。振り返るという行為はもともと、他人に眼差しをむけるというより、見つめられているような自分自身の気分を確かめる行為である。この点で、振り返るというのは他者にではなく、不安を覚えた自分自身にむかっている。おそらくこの行為は、自分が思うとおりの、つまり自分自身の正直な生き方をしていない姿勢の現れなのであろう。けっして振り返らない人物の一人は、いうまでもなくスナフキンであった。釣りをするかれは振り返ったのではない。ごく当たり前にムーミンたちのほうを見たのである。「やー、みんな」。スナフキンはこのように、やさしく語りかけていた。かれはあくまでも子供たちを見たのである。なぜなら、スナフキンには、自分のことを振り返る理由も必要もなかったのだから。
　しかし、振り返らない人物はもう一人いた。それはカゲミーロである。かれの眼差しは、他人を鋭く詮索するようでいて、実のところ他人にはまったく関心がないような、言いようのない威圧感をともなって人々にむけられる。カゲミーロはこのように、自分を振り返る姿勢をけっして見せない。かれの眼差し

142

は、いつも他人にむけられていた。しかし、かれが振り返らないのは、スナフキンに振り返る理由がなかったのとはちがって、他人の影ぼうしが子分になってくれなければ生きていけないという、不安にみちた自分の姿を振り返ることができなかったからである。

　他人にどう見られているか、そんな憶測に煩わされずに、自分の思うとおりに生きていくこと。これは他人を無視して好き勝手にする安易さの、おそらくは対極にある。それは厳しくも奥行き深い人間としての生き方なのであろう。スナフキンは思うとおりに生きるために、かけがえのないムーミン谷の生活を、不本意にも捨てなければならなかった。かれが貫こうとしたのは、他人を無視して好き勝手にする生き方の、ほとんど反対であったともいえる。このように、正直な生き方、すなわち自信をもった生き方は、一つの確定したかたちをとって終わるほど単純なものではない。それは確定しえないことを承知のうえで、絶えず求めなければ生命が宿らないような、そしていつもわたしたちに課されている、開かれた課題にほかならないのである。

絶対精神とヘーゲルの影ぼうし

　ここで紹介したムーミン作品は、とてつもなく迫力のある論法が、実は極度な無力さの裏返しであることを見事に暴き出している。それだけではなく、何かを与えてくれる「かのような」ものごとには警戒が欠かせない理由を、教訓としてではなく、まさしく論理によって示していたのである。ヘーゲル流の議論をどのように読み解くのが適切か、そのような指針までが、この優れたメルヘンによってそれとなく示されていた。この作品が、これらのことを教えてくれるというのではない。わたし

第Ⅴ章　秘密と自信

たちはこの作品をつうじて、大切なことを自分たち自身で発見し、また学ぶことができたのである。実際、これは何かを与えてくれる「かのような」哲学には期待できないことである。というのも、その種の哲学はもともと、ヘラクレイトスのロゴスがそうであったように、すべてを示しているふりをして、逆にすべてを奪い取ろうとしているからである。

　ヘーゲルの絶対精神（本当の僕）は、幼児と同様に、周囲からいつも保護され、奉仕してもらえないと存続できない。保護者から内容の濃いＡを与えてもらえないかぎり、いかに「非Ａ」と切り返したところで、たんなる空文句に終わってしまう。このため、理屈っぽい幼児は、誰からも注目してもらえないのである。ましてや、この否定からさらに「Ａかつ非Ａ」へと発展するシナリオは、内容の濃いＡを与えてもらった後でなければ、むしろその無力さをさらけだすのみだろう。見てのとおり「Ａかつ非Ａ」という形式は、Ａが肯定されても否定されても変わらない場合、すなわちＡが無（ゼロ）の場合にだけ成り立つということを、空しくも表しているのである。しかしそれでも、理屈っぽい幼児というものは、自分の実像（影ぼうし）をまざまざと見せられるのが大嫌いである。にもかかわらず、この種の幼児は、それがどこか見え見えであることにも気づいている。実のところ、ヘーゲルがたびたび振り返ったのは、これと同型の不安からなのではなかろうか。いずれにせよ、かれによって、哲学は一つの袋小路に至っている。

　カントの哲学から流れ出したドイツ観念論の大河は、ヘーゲル弁証法という小児病に至って涸れ果てるのであった。しかし、すでにその上流で分岐していた多くの支流は、豊かな水を湛えてゆるやかに流れつづけている。それゆえ次章では、現代に実

第3節　自信のある生き方

りをもたらした支流の一つに着目し、そこに見られる哲学的な
問題の系譜をたどることにしたい。

第 VI 章

儀式と人格
笑いの仮面

第1節　仲間のなかの自分

　近代の哲学では、人間を主体の位置におくということが、さまざまな問題を探究するうえでの基本となっている。しかしながら、このような基本了解が成立したのは、ヨーロッパの歴史のなかでいうと、ごく最近のことである。第Ⅳ章の第1節でも紹介したデカルトは、17世紀を代表する哲学者で、しかも近代合理主義の礎（いしづえ）ともなる思想を遺した。ところが、すでに見たように、かれにとっては神が究極の主体である。そして、人間は虚実の入り乱れたこの世に、神の単なる一表現として存在している。物体世界は幻影かもしれず、そこから完全に切り離された「われ思う」という精神の自己確認（自覚）としてのみ、かろうじて神の支えにあずかっていたのである。この考え方は、イギリス経験論と呼ばれる思想潮流のもとで、いわば一面化されて継承される。

イギリス経験論の道行き

　人間のささやかな知性は、そもそも神には及ばない。信仰の真理についてもまた、人間がそれを知識にもたらそうとするのは、たんなる思い上がりである。わたしたちはこのことを謙虚に認めて、経験的に知りうることをもとに、日々の生活を送っ

たほうが信仰にもかなっている。あたかも信仰の真理を知りえたかのように勘違いして、見解の対立から宗教紛争をくりかえすといった現世の悲劇は、人間に与えられたささやかな知性を乱用する傲慢さに由来する。現世の悲劇はむしろ、この傲慢さを戒めようとする、神の意志を表現しているのではなかろうか。このように考えれば、信仰上の真理は知性の領分からきっぱりと切断したほうがよく、健全な信仰を温存するために、不可知の真理は不可知のまま具体的な信仰生活の営みへと返上すべきである。そして、神によって現世に生かされるわたしたち人間は、人間としての分をわきまえた知性の用い方をしなければならず、経験的に知りうることを生活の糧とするのが最善である。イギリス経験論はこのように、人間を経験の「主体」ないし「主観」として位置づけ、客観世界という、人間のささやかな知性が及びうる領域をたずね歩くことになった。

　かくして、デカルトの示した学問の方法は、神を別格とする〈主観・客観〉の構図へと平板化され、学問の基礎はあらかじめ獲得されるというよりも、人間主体が客観世界と謙虚に向き合って、これから追求すべき課題となったのである。

キリスト教の奇妙な典礼

　細部を度外視すると、人間主体をめぐる近代の考え方は、ほぼ以上のように成立し、さらには今日の通念を形成するまでになった。しかし、人間主体の深部にむけた問題関心は、近代哲学の歩みのもとでも何度となく呼び起こされている。そして、ヨーロッパの哲学は、その歴史を縦断する基層へと絶えず回帰しながら、この問題関心にさまざまな「かたち」を与えてきた。が、ここでヨーロッパ史の基層と表現したものとは、キリスト

第Ⅵ章　儀式と人格

教の信仰にほかならない。すでに述べたように、近代哲学はその草創期において、信仰の領域と知識の領域とを、明確に分断したはずであった。ところが、人間主体の深みに迫ろうとするとき、その基層で信仰と知性とが結び合っている実情を、近代の哲学はあらためて示すことになったのである。この点を理解するためには、しかし、キリスト教信仰のある一面と、その宗教的な背景に目をむけなければならない。

　さて、キリスト教の典礼のうちに、聖体拝領と呼ばれるものがある。パンとワインが救い主の祭壇にささげられ、司祭の聖なる言葉をつうじて、それらがイエス・キリストの体と血になると信じられている。これは聖霊の力による変化とされることもあって、とくに信仰をもたない者にとっては、まったく理解を超えている。しかし、それにもまして奇妙なことが、キリスト教の教えそのものから気になってくる。

　福音書によると、最後の晩餐において救い主イエスは、パンとワインを指して、弟子たちに「これは、あなたたちのために〔あなたたちに代わって〕引き渡される、わたしの体であり、これはあなたたちのために〔あなたたちに代わって〕流される、わたしの血である」と語った。イエスは神であるから、語るとおりに自分の体であるパンと、自分の血であるワインを弟子たちに与えたのである。そしてイエスはその後、磔刑によって万人の罪を贖い、復活によって人類の救済をなしとげたとされている。

　以上のことから、聖体拝領の典礼では、キリストの体であるパンを拝領したすべての信者が、救い主の犠牲によって生かされていることを実感し、各人が救い主の体を摂取することで、かれの血肉によって養われる一心同体の信者同胞となる。すな

第1節　仲間のなかの自分

わち、万人のうちに救い主が宿るとともに、救い主のもとで万人が永遠の霊的な絆によって結ばれるのである。そしてこの点は、信者でない者にとっても、理屈を超えた信仰の「かたち」であると考えるかぎり、けっして無意味なことだとは断言できない。むしろ、十分に意味のある宗教的な典礼として、すぐに了解できるのではなかろうか。しかし、同じこのキリスト教信仰からすると、救い主がなしとげた人類救済は完全なものであり、最後の晩餐、磔刑、復活をつうじて、救済は完了しているのである。それではなぜ、わたしたちは、現に救済されていないのだろうか。

　救済されていても、わたしたちはそれに気づいていないというのが、一つの答えになりそうである。しかし、仮にそうだとすると、気づかれていないというこの一点をもって、イエスによる救済は不完全であったことになる。しかも、聖体拝領の典礼が2000年間も数限りなく執り行われて今日に至っているということは、救済が完全なものではなかったことの証しではないのか、という疑問も生じる。実際11世紀に、この種のことが問題にされ、問題を浮上させた人物がくりかえし断罪されている。それでもなお当時の西ヨーロッパは、聖界を二分するような論争に巻き込まれ、キリスト教の信仰は前代未聞の危機を経験したのである。そして今日、この時代の論争書簡類や神学の論文を読んでみると、かつての西ヨーロッパでは、現在とはまったく異なる通念を背景にして、人々が生活していたことに気づかされる。

永遠の信仰と現世の生活
　ここでは第II章の第1節で解説した、時間をめぐるアウグス

第Ⅵ章　儀式と人格

ティヌスの疑問とかれの現世観が、上記の背景に迫るための参考になる。かれの現世観については、第Ⅳ章の第1節であげた中世の構図とほぼ一致するので、ここで再び着目してみたい。アウグスティヌスの現世観がヨーロッパ中世の構図と一致するのは、いうまでもなく、かれの思想が後の時代まで決定的に影響し、ものごとを考える暗黙の了解にまでなったということである。とはいえ、11世紀の段階で、アウグスティヌスの現世観は極端なまで徹底された構図となっていた。

　まず、キリスト教によると、この世界は神が無から創造した。しかし、神は完全な存在であるから、創造の業は過去の一時点に追いやられるような限定されたものではありえない。神が創造を行う以前から時間は経過していたと考えるのは誤りである。人間の歴史が進展するなかで、神がそのつど創造の業を示すという理解もまた、時間経過に全能の神を従わせる錯誤におちいっている。全能の神にとって、そもそも時間の経過は問題にならない。神は永遠の存在であり、わたしたち人間にとっては過去のことも、未来のことも、神のもとでは一切が永遠の現在において完結している。まさにこのような創造主の絶大な力によって、この現世は支えられており、創造主の支えを失えば、過去も現在も未来も無に帰する。神はいわば「時間もろとも」現在を創造しているのである。

　こうした考え方からすると、イエス・キリストによる救済は、時間経過に拘束されたわたしたち人間にとってだけ過去のことに思えるのであり、神にとっては完結した永遠の業にほかならない。しかし、神の恩寵で自由意志を与えられている人間は、救い主に帰依しきれないことによって、悲惨な時間経過を余儀なくされたこの現世（幻影の歴史）を歩みつづけている。その

第1節　仲間のなかの自分

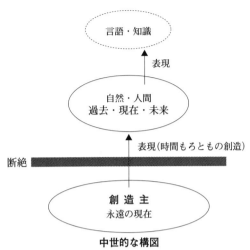

中世的な構図

一方で、教会で執り行われる典礼は、神によって達成された永遠の救済を、教会という聖なる場で表現している。このため、聖体の拝領をつうじて、すべての信者が永遠の絆で結ばれ、救い主の犠牲により一心同体となった永遠の同胞へと転生することに、時間の経過や歴史の進展はそもそも問題にならない。この典礼を前にした信者たちは、最後の晩餐とキリストの磔刑、さらには復活の現場にいる。そしてかれらは、現世の時間経過とは無縁の、いわば時間から解放された永遠にむけて救済されるのである。そして、この聖なる場から離れたときに、時間とともにそのつど消滅していく、はかない現世に、わたしたちは投げ出されることになる。すなわち、神のもとにある永遠の生から引き離され、事物への執着と諍い、老いや病、そしてあらゆる悲惨さに満ちた、はかない時間経過のもとへと、人間は残酷にも差し戻されるのである。

第VI章　儀式と人格

デカルトの〈わたし〉

　以上のような精神文化の基層からすると、デカルトの発見した「思いつつ存在するわたし」は、不確かな現世においても、また悪しき霊に惑わされても揺るぎない、人間精神の核にほかならず（信仰の自由）、しかも神の支えを告げる創造の刻印であったといえる。そして、かれは神によるこの刻印にならって、信仰の自由によっても左右されない数学的な観念を、精神から切断された物体世界に刻印したのではなかろうか（学問の必然性）。しかしながら、錯誤や争いを初め、悲惨さに満ちた現世が神によって与えられている理由は、わたしたちの理解を超えている。明白な「わたし」という人間精神の自覚を除いて、デカルトは不可知の根拠すべてを、創造主である神に返上した。まさにそうすることで、かれは「わたし」という創造主の刻印をもとに、この刻印がもつ特性（自由かつ必然）に準拠して成り立つ学問を樹立する一方、実生活に関しては従来の慣習や教えに即応することで、神の意志に従ったのではないかと推察される。

　しかし、デカルトは神からの断絶を率直に認めているにもかかわらず、断絶しているがゆえに不可知なはずの神について理論的に語り、その存在を証明している。そして、これによって証明された神に、かれは究極の根拠をゆだねていた。しかも、かれの与えた証明は、人間精神の核となる「わたしは思い、存在する」が明白（明証的）であることを前提になされている。が、はたして、もともと知りえないものに、知識の根拠をゆだねることなどできるのであろうか。さらに、デカルトの呈示した「わたし」は、本当に完結的な明証性をそなえているのだろうか。もしもこの「わたし」が揺るぎない人間精神の自覚では

なく、また完結的な明証性をそなえていないのであれば、デカルトの証明はその前提からつまずいていたことになる。さらに、かれの証明は人間精神から断絶した神に言及しているという、この一点をもって、ささやかな人知を信仰の領域にまで侵入させているともいえる。これらの疑問は、学問的なものというより、キリスト教の信仰を徹底したときに表面化したものである。というのも、神から隔たった人間精神という信条が、こうした疑問の背景になっているからである。

　以上のような問題意識は、第IV章で扱ったフィヒテによって、典型的に示されている。そこで次に、かれの考えた問題に少しふれておこう。

誰かにとっての〈わたし〉だけが存在する

　フィヒテは「わたしは在る」という自覚が、揺るぎないどころか、まったく不確かな精神の働きにすぎないことを洞察している。これは第IV章の第2節で紹介した、鏡に映る自分自身への問いかけに、そのまま一致するほど関係している。鏡のなかに確認されるのは、他者から見られた「わたし」の一面である。これと同様に、意識（心）の働きをかえりみたときに確認されるのは、それだけで完結した「わたし」の全貌ではありえない。にもかかわらず、わたしたちは通常、それだけで「わたし」の全貌を知ることができたかのように割り切って生活している。もしもこうした思い込みがなければ、ノンノンのように、不安は際限なく拡大するだろう。そうならないのは、自分自身で自分のことが分かったつもりになれるからではなかろうか。これは善悪の問題ではなく、たんなる実情の再確認である。

　しかし、仮に自分自身で自分のことが、本当に分かったつも

第VI章　儀式と人格

りになれるのであれば、しばしば鏡に自分を映して「わたし」を確認する理由はなくなる。ということは、分かったつもりになりつつ、それでも他者の視点を借りることのできる鏡によって、自分自身で自分のことを確認したくなっているというのが、率直な「わたし」の実情だということである。フィヒテはこのように「思いつつ在るわたし」を見つめなおしている。デカルトの発見した「わたし」は、実のところ、明証的で完結した自覚にはなっていない。それは常に、見られているという不安によって絶えず揺らぎながら、ぎりぎりのところで維持されている「わたし」にほかならなかったのである。

　どうやら、プロテスタントでルター派のフィヒテにとっては、神から見られているという意識が信仰の基調であったようである。しかも、神との直接的な約束を信条とするプロテスタントからすれば、信仰もまた直接でなければならず、いかなる意味においても知識に補強されるような神であってはならない。神と人間精神との断絶は文字どおり絶対的なのである。知識によって神の意志を探ろうとするなど、不敬きわまりない企てであり、人間は神に与えられた現世での本分に、すべてを傾注しなければならない。神との結びつきは唯一、信仰のみであり、救済はあくまでも神の選びによる。こうして、フィヒテの考える人間精神は、救済が成就する永遠の現在から端的に切り離されていた。そして、人間精神は徹頭徹尾といえるほど、経過する時間に拘束された現世に留められたのである。と同時にまた、信仰は知識の領域から切断されたまま、各自に与えられた本分を果たす実践の場面へと移される。

　人々が良心にしたがうこの信仰実践は、現世の秩序を生み出し、生み出された秩序は生活の安全と信仰の自由を保障する。

156

これにより、信仰実践はさらに促されることになる。しかしそれだけではない。促された信仰実践は、絶え間なく秩序を刷新し、より洗練された秩序を生み出していく。現世はこのような発展する秩序のもとで統治されるのである。このような秩序——かれの表現では「秩序形成する秩序」——こそが、現世に生かされた人間によって、ぎりぎり知られるような、まさにそのかぎりでの神であると表明されている。

フィヒテの学説と信仰

フィヒテは初期の学説において、わたしたちが知識の根拠を実は知らない何かへとゆだねる姿勢を、錯誤として徹底的にあばきたてる。かれはこの種の姿勢すべてが、つまるところ、すでに述べたように「わたし」の全貌を知ることができたかのように思い込む、人間にとっては不可避な実情によることを明らかにした。そうすることで、フィヒテはデカルト以来の「わたし」から一切の基盤を奪い去り、信仰実践によって現世の秩序を生み出す営みに参与しているという、まさにそのかぎりでしか維持されない「わたし」の実像を示している。フィヒテはこうして、ほとんど危機的な、しかし赤裸々な人間像を浮かび上がらせていたのである。

純粋な個人霊魂は内容がまったく空虚である。実際、現世に生きるわたしたちは、ときおり自分を振り返ったときに、この空虚さをどこかひしひしと実感させられる。わたしたちが鏡に吸い込まれそうな気分になるのは、こうした空虚な霊魂でしかない自分自身の実情を、それとなく覗き込んでいるからにほかならない。仮にそのような霊魂が真に存在するとしても、救済されるべき確かな「わたし」という自己認識は、とうていなし

第VI章　儀式と人格

えないのである。わたしが他の何ものでもない「わたし」であるためには、わたしではない何かが、とりわけ他者が存在しなければならない。現世におかれた人間精神は、このように、永遠の現在から完全に切り離されている。それは内容空虚な"淡い存在"でしかなく、固有の自分であろうとするそのとき、即座に無へと転落する。だからこそ、人間精神は「わたし」であるために、他者たちとともに時間の経過を生きる、現世の職分のもとにおかれたのである。これは神の恩寵にほかならない。

　神とともにある永遠から「わたし」が離れ、他者たちと協働する現世のもとへと踏み出すことを、フィヒテは哲学用語で「超出」と表現している。普通は「超え出る」というと、日常生活や常識を超えることがイメージされるため、かれの表現はまったく意味不明に思える。しかし、フィヒテのこうした考え方は、さきほど解説したキリスト教信仰の基層をもとにすれば、それほど理解困難ではない。逆にこの基層を度外視して理解しようとすると、フィヒテの議論はほとんど支離滅裂で、意味不明な呪文のようにしか読めないのである。いずれにせよ、かれは他者たちとの協働という、わたしたちの直面する現実に、人間精神が「わたし」であることをかろうじて許容するただ一つの生きる場、すなわち神の世界創造に参与する本務遂行の場という、ルター派の信仰に根差す深遠な意味を与えていた。

　もちろん、以上のようなフィヒテの思想は、哲学とはいっても宗教的な色彩を濃厚にもっている。しかし、現代の西洋哲学においても、人間存在の真相に迫る本格的な学説は、ほぼ例外なくキリスト教信仰の基層に足を踏み入れているといってよい。むしろ、そうでない西洋の思想は、あまり本格的なものではないともいえそうである。

第1節　仲間のなかの自分

ハイデガーの問題設定

　第Ⅳ章で少しだけふれた20世紀最大の哲学者ハイデガーは、
最近の研究によると、フィヒテから絶大な影響を受けていたよ
うである。かつては、ハイデガーの思想というと、アリストテ
レスの形而上学および存在の意味への問いに端を発すると考え
られていた。しかし、その根本では、フィヒテ哲学とキリスト
教的な実存への問いがハイデガーを衝き動かしていたのである。
しかも、かれが若いころに書いた論文には、堕落した近代への
憎悪が危機的な論調のうちに滲み出ている。そして『存在と時
間』（1927年）と題された初期の代表的な著作において、ハイ
デガーは存在の意味——在るということの意味——を深く追究
している。

　すでに見たように、フィヒテは「わたしは在る」という、こ
の当然すぎることにどこまでもこだわった。他方、ハイデガー
は、近代人によって「わたし」という嫌悪すべき個人主義に汚
染された「在る」を浄化して、それがもつ本来の神聖な意味を、
堕落した近代人に見せつけようとしているのである。これはあ
る観点からすると、プロテスタント的な信仰がもたらした近代
の病弊に対する、壮絶な闘いであったようにも思える。ハイデ
ガーは、しかも、人間精神が「わたし」であろうとして現世の
秩序形成に参与するといった、フィヒテの議論を逆転している。
すなわち、たんなる私人へと堕落した者たちの赤裸々な現状を
つぶさに分析し、腐敗した近代の社会に与することの不毛さを、
執拗なまでに暴露しているのである。キリスト教信仰の基層と
関連させると、ハイデガーの『存在と時間』という題名からは、
時間経過を超えた永遠の存在と、はかなく過ぎ去る現世の時間
という設定が、幾重にもかさなって見えてくる。というのも、

かれが「本来性」と呼ぶ難しい哲学用語は、信仰の基層からすると「永遠から現世の実情を直視しつつ現在に臨む姿勢」に、また「非本来性」という用語は「永遠を暗黙のうちに私物化して現世の実情に埋没する姿勢」といったように対応するからである。そして実際、このように置き換えてみると、理解が不思議なほど容易になる。

実存とは何か？

　印象のことはともかく、ハイデガーが存在の意味を探る起点は「現存在」と訳されるものであるが、ようするにこれは「わたし」という在り方をして、今ここに在るということに一喜一憂している人間のことである。そして、たんなる事物の在り方と比べても、ほとんど異なるところがないほど、浅薄な個人としての在りようへと堕落した「在ることの意味」が、きわめて詳細かつ冷徹に追究されている。これによってハイデガーは、俗世間に埋没した私人（世人）の在り方が、いかに欺瞞に満ちたものでしかないか、これを暴露する「実存論的分析」なるものを行っているのである。しかしながら、そもそも実存（エクシステンティア）とは、いったい何であろうか。

　この言葉はもともと「外に立つ」という意味をもっている。キリスト教信仰の基層から考えると、まさにこれは永遠の現在から外へと分断され、はかない現世のもとに立たされているということである。また「超越」という用語も、この背景から理解すれば、それほど謎めいてはいない。ハイデガーの発想の基本は、永遠の絆にむすばれた聖なる在りようの外に立ち、はかない現世に安住して生きる者どもとして、近代の人間を性格づけるものとなっている。そして、かれは鋭い分析により、誰も

がごく限られた生存期間しか許されていないという不可避の宿命と、この宿命を忘れようとしてあえいでいる人間存在の赤裸々な実情を、わたしたち「死すべき者ども」に突き付けているのである。

　もちろん、ハイデガーの議論は、これだけではすまない。しかし、いずれにしても、2000年の歴史を貫くキリスト教的な人間観は、これほどまで大きな影響力をもち、人間存在の真相をめぐる問題を浮かび上がらせてきた。ここではまさにこの点を指摘しておくことにしたい。そして、さっそく、この深遠な問題を具体的に考えさせてくれるムーミン作品に話題を移そう。

第2節　真の友情とは何か

　ムーミンのシリーズは、たとえばスノークの一種独特な台詞まわしを初めとして、滑稽なほど強気を押し通しながら弱みを隠せないミイ、外見に似合わずとても気の弱いスニフなど、それぞれ個性豊かなキャラクターが、もうそれだけで笑いを誘うユーモラスな作品群である。それでいて、どこか奥深さを併せもつシリーズのなかには、思い出すだけでゾーッとするような作品もいくつかある。その一つとして、ムーミン谷の仮面祭りを描いた「笑いの仮面」という題名のストーリーがあげられる。

普遍的な笑い

　この作品には、題名のとおり、笑いを浮かべた一つの仮面が登場する。それは一度でも見ると、もう忘れられなくなるような、気味の悪い仮面である。両耳の近くまで裂けた真っ赤な口、細くつりあがった黄色い目、そうした単純なつくりでありなが

ら、不気味に笑う白い仮面が、このストーリーの中心になって
いる。

　初めて見たときから、笑いの仮面はなぜかずっと以前から知
っていたような、またそのために、忘れることのできない笑い
を浮かべている。笑いの仮面は、忘れられない「笑い」という
点で、とてつもなく個性的な表情をしているのであろう。しか
し、見る以前から知っていたように思える点からすると、それ
は一切の個性を超えた、いわば「普遍的な笑い」を浮かべても
いる。

　優れたメルヘンは、その固有性に彩られ、かぎりなく個性的
である。ところが、それは同時にまた、時代や文化のちがいを
超えた普遍性をもつ。これから紹介する作品は、登場する仮面
の表情からしてすでに、個性と普遍性が同居しているかのよう
な、優れたメルヘンがもつ独特の雰囲気を醸し出している。

仮面を選ぶ

　ムーミン谷の入り口に一人の老人がやってくる。老人はそこ
で、いくつもの木枠を縦横に組んだ棚をつくり、さまざまな仮
面を大きなバッグから取り出して、一つひとつ棚に掛けていく。
それはムーミン谷で恒例の仮面祭りが開催される当日のことで
あった。村の広場では、スノークやヘムル署長を中心に、祭り
の準備が進められている。夜になって始まる祭りであったが、
子供たちは早くも大はしゃぎで、大人たちもまた夜が待ち遠し
そうである。そしてムーミンたちは、祭りの開催に備えて、仮
面づくりのお爺さんのところへ自分たちの使う仮面をとりに行
くことになる。お爺さんは毎年この時期に、一度も欠かさず仮
面をつくって、いつもムーミン谷にもってきてくれるのであっ

第2節 真の友情とは何か

た。

　ムーミンもノンノンも、またミイや犬のメソメソまでも、お爺さんのつくった仮面のなかからすぐに気に入ったものを選ぶ。ところが、スニフだけは、いつまでたっても気に入った仮面が見つからない。仮面を選ぶ子供たちの横では、お爺さんが一つの仮面を手にもって、布で大切そうに磨いていた。実は、スニフはその仮面が気に入ってしまったのである。そこでかれは、お爺さんが手にしている仮面を譲ってもらいたいと、熱心に頼みこむ。しかし仮面づくりのお爺さんは言う。「こいつはいかん」。スニフがその理由をたずねると、お爺さんは重い口調でこたえる。「つまりその一、この笑いの仮面は、わしの自慢のもので、仮装用につくったんではないんだ。……わるいが、ほかのものを選んでくれんか」。スニフはしかたなく、別のあまり気に入ったとはいえない仮面をもって、ムーミンたちと一緒に広場へもどっていく。が、スニフはお爺さんが大切そうに磨いていた仮面を、どうしてもあきらめきれない。このため、かれは再びお爺さんのところへ引き返し、本当に気に入った仮面をいつまでもいつまでも眺めていた。

　お爺さんは無言のまま笑いの仮面を磨きつづけていたが、ついにスニフの熱意に負けて、条件付でそれを譲ってくれることになる。仮面祭りでは各人が仮面をつけて仮装し、楽しいひとときを過ごした後、その夜には祭りに用いた仮面すべてを燃やす習わしになっていた。笑いの仮面は、とくにこの習わしどおりにしなければならない仮面であり、けっして後までとっておいてはいけない。これがお爺さんの示した条件であった。スニフはお爺さんの言うとおりにすると約束する。そして、かれは欲しくて仕方がなかった笑いの仮面を、夕方ちかくになってよ

うやく手に入れたのである。

大人にとっても必要な祭り

　ムーミンはその頃、パパやママと一緒に、家で祭りに参加する支度をしていた。そして、かれらは黒いマントを身につけ、それぞれが思いどおりの仮装に専念しはじめる。仮装したムーミンパパが語りかける。「仮面祭りか。いくつになっても、いいもんだね、ママ」。支度をしながら、ムーミンママは呟く。「えーえ、わたしも朝からうきうきしちゃってェ」。ムーミンはこれを聞いて「へー、パパやママでも？」と問いかける。すると今度は、ムーミンパパが言う。「年に一度、自分以外のものに変装して、おもいっきりはめを外す。こいつは、わたしたち〔大人〕にとっても、おおいに必要なんだ」。ムーミンがその理由をたずねると、ムーミンパパは「明くる日から、今までより、もっと充実して生きていくためさ」と答える。このように語り合いながら、支度のできた三人は、祭りが開催される広場へとむかう。

　広場では祭りが盛大に催されていた。ムーミン谷の誰もが仮装して集まり、一晩だけの大切なひとときを、歌い踊り語り合い、それぞれが思い思いに楽しんでいる。ところが、ミイはスニフが来ていないことに気づく。どうしたのだろう。スニフはさきほど、仮面づくりのお爺さんのところへ、どうも引き返したようであったが、それきりになっている。探してみても、やはりスニフらしい姿はどこにも見当たらない。そうこうしているうちに、祭りの盛り上がりも一段落する。ところが、まさにそのとき、どこからともなく不気味な笑い声が響いてくる。それは今まで誰も聞いたことのないような、本当に異様な笑い声

第2節　真の友情とは何か

であった。そして、遠くに笑い声の主らしき姿が見え、その姿は広場の会場に近づいてくる。それは笑いの仮面をつけたスニフであった。しかし、その声からしても、そのしぐさからしても、かれはいつもの気が弱いスニフとは大ちがいで、まるで笑いの仮面そのものである。そのかれは、ノンノンの手を取ると、驚くほど巧みなステップをふみながら、誰もが注目するほど素敵なダンスを披露する。こうして、いつも弱気で泣き虫であったスニフは、生まれて初めて一夜のヒーローとなった。しかし、そんな一夜も、やがては終わりを告げる。

祭りの終わりと日常の始まり

　住人たちは仮面祭りの習わしにしたがって、祭りが終わるとまもなく、たき火の中に各々の仮面を投げ込んで焼き捨てる。たき火を囲むかれらの表情は、どこか寂しげであった。ムーミンママは呟く。「今年の仮面祭りもこれでおしまいですね」。するとムーミンパパはどこか重々しい口調で「さー、明日からきっぱりと、いつものわたしたちにもどるんだ！」と念をおす。「ではみなさん、ぽっつりぽっつりと、帰ろうではないですか」。スノークがこう告げると、住人たちは帰宅していく。ところが、そこにスニフの姿はない。もちろん、お爺さんとの約束で、スニフは夜のうちに笑いの仮面を焼き捨てなければならなかった。しかし、かれはヒーローとなった一夜の充実感が忘れられなかったのである。このため、スニフはお爺さんとの堅い約束を破って、笑いの仮面を翌日まで持ち越してしまう。しかも、それだけではなかった。

　スニフは祭りの夜と同じように、笑いの仮面と黒いマントを身につけ、不気味な笑い声をあげながら、ムーミン谷の住人た

第VI章　儀式と人格

ちを次々に驚かせる。困った住人たちは、ついにスニフを追い詰め、もう悪ふざけは止めるよう、かれに迫ったのである。さすがのスニフも、これではもう悪ふざけを止めるほかない。かれは断念して、持ち越した笑いの仮面を、顔から取り外そうとする。ところが、笑いの仮面はもう、スニフの顔から外れなくなっていた。誰がそれを外そうとしても、笑いの仮面はまるでスニフの一部になってしまったかのように、ぴったりとかれの顔をおおっている。困り果てて泣き出すスニフであったが、その泣き声はしだいに笑い声へと変わっていく。それは祭りの夜と同じ、笑いの仮面がもらす気味の悪い笑い声であり、スニフの声とは似ても似つかないものであった。こうしてスニフは、いつものスニフではなくなっていく。

　ムーミンや大人たちは、事の重大さに気づいてスニフをベッドにつかせ、なにか対策はないかと思案する。しかし、しばらくしてムーミンママがようすを見にいくと、スニフの姿は消えていた。かれはどこかへ出ていってしまったのである。驚いた住人たちはスニフを探し始める。ムーミンもまた、いつもの仲間たちと一緒にスニフを探した。そして、ようやくスニフは見つかる。かれはスナフキンのテントにかくまわれていたのである。ムーミンたちは心配そうに声をかける。「スニフ、スニフ、……しっかりして」。しかし、子供たちを前に、スナフキンはこう語る。「そいつはもうスニフじゃない。……スニフにのりうつった笑いの仮面さ」。子供たちは驚く。そしてスナフキンはつづける。「さっきまで、ときどき普通に話をすることができたんだけど、またおかしくなってるんだ」。ムーミンたちは愕然とする。それでも、あのお爺さんに頼れば、スニフを救ってもらえるかもしれない。

第2節　真の友情とは何か

　仮面祭りも終わって、すでにムーミン谷を発っているとはいっても、急げばまだ追いつけるかもしれない。こう考えて、ムーミンとノンノン、そしてミイは、笑いの仮面となったスニフの手を引いて、ムーミン谷の向こうにある峠へと急ぐ。そして、かれら四人は、どうにか仮面づくりのお爺さんに追いつくことができた。

仮面の世界の女王さま

　ムーミンはお爺さんに事情を話す。するとお爺さんは言う。「いわないことじゃない。その子は、笑いの仮面にとりつかれてしまったんじゃ。わしにはもう、どうすることもできんな」。しかし、お爺さんは、仮面の女王さまならスニフを救えるかもしれないと告げる。そしてお爺さんは、その女王を呼ぶことまではできるという。とはいっても、その後はムーミンたちだけで頑張るほかない、ということであった。そこで、かれらは森の中に入り、お爺さんは大きなバッグにまだ残っていた仮面を、周囲の樹木に一つひとつ掛けていく。そのようにして、ムーミンたち四人は、仮面をつけた樹々に取り囲まれていった。

　すべての仮面を掛け終えると、お爺さんは奇妙な呪文を唱える。すると辺りは暗くなり、仮面をつけた周囲の樹々は、子供たちをはさんで向かい合った二列の衛兵たちへと変貌していく。そして、列の向こうには、笑いの仮面をかたどった巨大な壁面が現れる。そのもとには王座があり、少し手前に、女王らしき人物が立っていた。「おまえたち、こちらへ！」女王らしき人物は子供たちを呼びよせる。「そのほうたちか？　面づくりの老人の訴えで、友だちを返してほしいというのは？」こう述べる女王に、ムーミンはこたえる。「そうなんです！　女王さま」。

第VI章　儀式と人格

すると女王は告げる。「とても難しいことですよ」。子供たちは
どんなことでもするので、スニフを救ってもらいたいと、女王
さまにお願いする。これにたいし、女王は「では、おまえたち
の友情の力で、仮面の魔力に勝つことができますか？」と問う。
ムーミンたちは女王が何を求めているのか分からなかった。ス
ニフは気味悪く笑っている。すると、女王は「仮面から笑いを
奪い、涙を流させることができますか？」と問いなおした。

　ミイは「なんだ、簡単よ、つまり泣かせばいいわけね」と言
う。そして「スニフ、かんべんしてよ！」と叫びながら、ミイ
は笑いつづけるスニフを、ぶったり蹴ったりする。それでもス
ニフは、泣くどころか、不気味な笑い声をあげるだけであった。
これではミイも疲れるばかりである。こうしてミイの試みは失
敗に終わった。次に試みたのはノンノンである。彼女は悲しい
お話をスニフに聞かせることで、かれの涙を誘おうとした。ム
ーミンもこれに協力して、悲しい雰囲気を、できるだけ盛り上
げようとする。しかし、ノンノンは話をするうちに、自分で悲
しくなってしまう。このため、笑いの仮面となったスニフを泣
かせる以前に、ノンノンのほうが泣き始めてしまう。

　このように、かれらには、もはやなす術がなかった。そして
まもなく、仮面の女王はムーミンたちに申しわたす。「やはり
だめでしたね。しかたがありません。あきらめなさい。その子
は仮面の国へ連れていきます、永久に！」そして女王が命じる
と、数人の衛兵がやってきて、スニフは両脇を抱えられてムー
ミンたちから引き離されていった。

消えてしまったお爺さん

　かくして、子供たちは自分たちの無力さを思い知らされなが

第2節　真の友情とは何か

ら、スニフの悲しい後ろ姿を見送る。もう永遠にスニフとはお別れであった。ムーミンは叫ぶ。「お別れだね、スニフ。きみのことは、いつまでも忘れないよ。さよなら」。ノンノンも泣きながらお別れを言う。「ごめんなさいスニフ、たすけてあげられなくって」。ミイも大泣きになって叫ぶ。「いつもいじめてわるかったわ、これからはさみしくなるわ、ウワーッ！」すると仮面の女王は、衛兵たちに「それまで！」と命じ、スニフを運ぶのを止めさせる。そのとき、スニフの顔をおおっていた仮面の目からは、ひとしずくの涙が流れていた。そして次の瞬間、笑いの仮面はスニフの顔から外れ、かれの足元に転がり落ちたのである。

　気がついてみると、辺りはもとの森にもどっていた。しかし、無事であったスニフの足元には、笑いの仮面が落ちている。子供たちは、互いの無事をよろこぶ。それにしても、仮面づくりのお爺さんには、お礼を言わなければならない。かれらはそう考えて、辺りを探してみる。ところが、お爺さんは見当たらない。かれらが一緒に探していると、驚いたことに、大きな樹にあのお爺さんそっくりの仮面が掛けられている。いったい何が起こったのか。子供たちは目を見開いて、その仮面を見る。すると、かれらが見ている前で、お爺さんそっくりの仮面はギィーッと傾き、スーッと消えていった。

　子供たちは、結局、お爺さんにお礼を言うことはできなかった。しかし、かれらはその場で笑いの仮面を焼き捨てる。笑いの仮面を焼くたき火を前に、スニフは呟く。「ごめんね、みんなに迷惑かけちゃって。このお面、ゆうべ焼いておけばよかったんだ」。こう呟くスニフは、いつもどおりのスニフである。そして、子供たちは気を取りもどし、それぞれの家に帰ってい

第VI章　儀式と人格

く。

第3節　伝承と戒めの真相

　さて、このストーリーは何を物語っているのだろうか。当然
のことながら、仮面とは仮の面であり、自分の顔を隠す道具で
ある。したがって、たとえ仮面をつけていても、仮面に隠され
た自分はあくまでも本当の自分である。ところが、スニフは仮
面祭りの習わしに背き、お爺さんとの約束を破ったため、本当
の自分を失うという仕方で思い知らされることになった。もっ
とも単純には、このようなストーリーであったと理解できる。

ストーリーの逆説的な転回点

　しかしそれだけならば、仮面祭りの習わしにしたがったムー
ミンやノンノン、そしてミイまでが、なぜ試練を受けなければ
ならないのだろうか。また、スニフが仮面祭りに使う仮の面と
して笑いの仮面をつけたのであれば、仮の面をつけただけのス
ニフが、なぜ普段のかれではなくなったのであろうか。それは
まだ、スニフが約束を破ってはいない時点のことであり、祭り
のさなかに起こったことである。これはおそらく、いつもの自
分を別の自分にした仮面が、祭りの終わりとともに焼き捨てら
れるという、古くからの習わしと関係しているのであろう。さ
らには、仮面づくりのお爺さんが、あたかも仮面でしかなかっ
たかのような終わり方は、実に謎めいている。しかも「笑いの
仮面を泣かせる」というストーリー最大の転回点は、矛盾とも
いえるほどの逆説的な性格をもっている。仮面の女王によると、
この逆説を乗り越えるのが、どうも友情であるらしい。このよ

うに、疑問点は各所から浮かび上がってくる。

　なるほど、ここでも以上のような半ばひねくれた疑問は、メルヘン固有の神秘性を損なうものでしかないともいえる。しかし、メルヘン固有の世界が一切の論理をよせつけないような、いわば支離滅裂の世界だと決めつけるのは、かえってその神秘性を損なう姿勢かもしれない。ここで紹介した「笑いの仮面」は、いうまでもなく仮面祭りという、ムーミン谷に古くから伝わる習わしを舞台としていた。しかもムーミンパパは、その祭りがもつ意味までを、かなり詳しく語っている。それを語られるままに理解することは、かならずしもメルヘンを損なうものではなく、むしろその神秘性を守る姿勢だともいえる。

仮装用の仮面と本当の仮面

　たとえば、ムーミンパパは、仮面祭りの趣旨を説明して述べていた。「年に一度、自分以外のものに変装して、おもいっきりはめを外す。こいつは、わたしたち〔大人〕にとっても、おおいに必要なんだ」。また、仮面づくりのお爺さんは、笑いの仮面を指して「この笑いの仮面は……仮装用につくったんではない」と語っていた。この発言をそのままうけとれば、仮面には仮装用と、仮装用ではないものがあるということになる。さらに、ムーミンパパによると、仮面祭りは「明くる日から、今までより、もっと充実して生きていくため」に、おおいに必要なのである。かれはまた、祭りが終わったとき、重々しい口調で「さー、明日からきっぱりと、いつものわたしたちにもどるんだ！」と念をおしている。以上から、仮面祭りとは、一日だけ自分とはちがう自分になることで、翌日からまた充実した、いつもの自分にもどって生きていくための習わしだということ

第VI章　儀式と人格

になる。では、これらのことを、ムーミンパパや仮面づくりのお爺さんが語るままに理解すると、いったいどうなるだろうか。

おそらく通常は、笑いの仮面だけを例外的な仮面として理解し、それは仮装用ではない特別の仮面であったと考えるであろう。しかし、ムーミンパパが説明する通りだとすると、仮面祭りは〈一日だけ自分とはちがう自分になる〉ことをその趣旨としている。というのも、これによって、大人もまた翌日から充実した、いつもの自分にもどって生きていけるからである。ということは、笑いの仮面は特別なものではなかったのである。それどころか、笑いの仮面は、スニフが祭りのあいだ本当に普段のスニフとはちがうスニフになった点で、仮面祭りの趣旨によくかなったものであった。仮面づくりのお爺さんは、仮面を焼き捨てる習わしに必ずしたがうようスニフと約束し、そのうえで初めて、かれに笑いの仮面を譲っている。それ以外の仮面は単なる仮装用であり、子供たちが習わしに背くようなことがあっても、安全なものであったのだろう。

本来の仮面祭りでは、笑いの仮面がそうであったように、それをつけることで自分とはちがう自分になる仮面こそが、普通のものであったのではなかろうか。だからこそ、古くからの習わしは、仮面を翌日まで持ち越さないよう厳しく戒めていたにちがいない。そうでなければ、ムーミンパパや仮面づくりのお爺さんは、まったく意味不明のことか、あるいは嘘を言っていたことになってしまう。一方、祭りのあいだも自分を本当にちがう自分にすることはなく、また翌日まで持ち越しても危険でないような仮面は、仮面祭りに使うものとしてはむしろ特別なものであった。それらは特に仮面祭りでなくとも、仮装用として意味をもつ仮面であり、もともとは仮面祭り以外に用いる仮

172

面であったのではなかろうか。しかし、こうした解釈がもしも
無意味でないならば、ムーミンパパが「自分以外のものに変装
して、おもいっきりはめを外す」と説明し、また「きっぱりと、
いつものわたしたちにもどる」よう強く促したことを、つまり
〈一日だけ自分とはちがう自分になる〉ということを、かれの
語るままうけとらなければならなくなる。

自分とはちがう自分になる？

　さて、自分とはちがう自分とは何であろうか。論理で扱うと
奇妙な響きを伴うことを承知のうえで、あえて考えてみること
にしよう。スニフがもしも完全に笑いの仮面となってしまえば、
スニフの心は消滅してしまう。このため、笑いの仮面こそが自
分だということになる。そのときの自分にとっては、笑いの仮
面である自分がいるだけで、かつてスニフであった自分はもう
どこにもいない。自分はあくまでも笑いの仮面である。逆に、
笑いの仮面がもとのスニフにもどるならば、笑いの仮面の心は
消滅してしまう。このため、スニフこそが自分だということに
なる。そのときの自分にとっては、スニフである自分がいるだ
けで、かつて笑いの仮面であった自分はもうどこにもいない。
自分はあくまでもスニフである。

　このように、自分が笑いの仮面になっても、自分がスニフに
なっても、つねに一人の自分がいるだけで、同時に笑いの仮面
かつスニフとなることはない。この点からすると、自分とはち
がう自分といった、二人の自分を想定する考え方は、当人自身
にとってほとんど語義矛盾であることが分かる。ストーリーで
は、仮面が外れなくなったスニフに笑いの仮面がのりうつり、
スニフとして周囲と対話する時間がしだいに短くなっていった。

しかし、当人にとってはいずれの場合も一人の自分であり、た
だ周囲の者たちがかれと対話して、スニフの心をもつかれと、
笑いの仮面の心をもつかれの、二人がいるように思えただけで
ある。

　以上から、ある逆説的な真相が浮かび上がる。それはすなわ
ち、自分とはちがう自分になるということは、当人自身にとっ
てはまったく意味をもたないということである。自分とはちが
う自分とは、あくまで、当人自身ではない他者にとってのみ、
初めて意味をもつ。すると、どうだろうか。祭りの晩だけ自分
とはちがう自分になることで、翌日からまた充実した、いつも
の自分にもどって生きていく。仮面祭りの趣旨を説明して、ム
ーミンパパがこう語ったことは、自分自身の個人的な気分転換
に類することを指してはいない。なぜなら、自分自身にとって
〈自分とはちがう自分になる〉ということは、まったく意味を
なさないからである。意外にもこの発言が問題にしていたのは、
単なる自分ではなく、自分とかかわりあう他の人々にとっての
自分であった。すなわち、そもそもムーミンパパの説明は、た
とえ他者が存在しなくとも存在すると思われているような、個
人としての自分を問題にしてはいなかったのである。

祭りの役割

　仮面祭りの趣旨は、たとえばムーミンパパにとってのムーミ
ンであるとか、ムーミンママにとってのムーミンパパであると
か、ムーミンにとってのノンノンなどのような、いつもどおり
の対人関係と相互理解を、仮面によって一日だけ断ち切ること
であった。これによって、翌日からまた、ムーミンパパにとっ
ても、ムーミンママにとっても、ノンノンやその他の誰にとっ

第3節　伝承と戒めの真相

ても、いつものムーミンである充実した自分にもどる。つまり、他者たちと織り成す社会関係のなかに、ほかならぬムーミンとして充実した自分を発見しなおすことが、仮面祭りの趣旨であったのだろう。奇妙なことをここで述べているように見えるかもしれない。しかし、祭りというものは、程度の差はあってもこの種の趣旨と機能をもっているのではなかろうか。そして、この理解からすると、すでに示したなかでまだ残されている疑問も解消する。

　仮面祭りが個人的な気分転換ではない以上、祭りが終わったときにムーミンたちは、スニフを含めた友人関係のもとで一人のとりこぼしもなく、習わしどおり、祭りに使用した仮面を焼き捨てなければならなかった。このため、スニフを欠いたままそれを行った誤りは、全員で責任をとらなければならない。これがムーミンやノンノン、そしてミイもまた試練を受けなければならなかった理由である。そしてミイは、仮面の女王が要求していることを、即座に理解できたと思った。「なんだ、簡単よ、つまり泣かせばいいわけね」。ミイはこう言って、スニフを泣かせるために、笑いの仮面になったかれを痛めつける。しかし、そこで殴られ、また蹴られていたのは笑いの仮面であって、スニフではなかったのである。そこにいたのは、友人たちとの関係を断ち切られて、ミイたちと織り成してきた友人関係のなかに、ほかならぬスニフとして充実した自分を発見しなおせない者であった。かれにたいしてミイは、自分がスニフと織り成してきた固有の関係にではなく、単に痛めつけて泣かせるという一般性にうったえていたのである。ノンノンもまた、この点では変わらない。彼女は自分がスニフと織り成してきた固有の関係にではなく、大半の人が悲しくなるような、しかしス

第Ⅵ章　儀式と人格

ニフとも自分とも無関係なお話にうったえていた。だからこそ、笑いの仮面はもとのスニフにもどれなかったのである。

　しかし、子供たち三人は最後の最後になって、自分たちがそれまで織り成してきた固有の友人関係にうったえていた。これによってかれらは、仮面をつけたままその関係から断ち切られていた者に、スニフとしての自分を発見しなおす余地を与えたのである。子供たちは、自分たちの無力さを思い知らされながら、スニフの悲しい後ろ姿にむかって叫ぶのであった。「お別れだね、スニフ。きみのことは、いつまでも忘れないよ」。そして、この叫びに込められていたのは、ムーミンにとってのスニフにほかならなかった。「いつもいじめてわるかったわ、これからはさみしくなるわ、ウワーッ！」これはミイにとって、もっともスニフらしいスニフの実像である。「ごめんなさいスニフ、たすけてあげられなくって」。ノンノンのこの叫びには、いつもミイにいじめられ、泣かされていた、仲間たちにとってのスニフが結晶している。仮面の女王は、まさしくこのように、スニフにむけた三人の友情を試していたのである。そしてかれらの友情によって、笑いの仮面とは対極にあるともいえる、あの泣き虫のスニフが、仮面に顔をおおわれたまま充実したいつもの自分を発見しなおす。笑いの仮面は、笑いにはふさわしくない悲しみの涙を流すことで、単なる仮装用の仮面となってスニフの顔から外れたのである。

儀式と日常生活

　笑いの仮面となったスニフはこのように、首尾一貫して仮面祭りという儀式のさなかにおかれていた。ミイやノンノンが初めに試みたような、この儀式とは無縁の仕方では、スニフが友

第3節　伝承と戒めの真相

人たちと織り成してきた関係のなかに、ほかならぬスニフとして充実した自分を発見しなおすことができない。その儀式に固有の世界に身をおいて、笑いの仮面と化した眼前の人物を、友人たちの側からも充実したスニフとして発見しなおすことでしか、かれは充実した自分を発見しなおす、いわば仮面祭りの終着点にはたどりつけなかったのである。

> さまざまな人格が
> 儀式を織り成しているのではない
> むしろ儀式のほうが
> それぞれの人格となって
> そのつど結晶しているのである

　ストーリーの結末は、きわめて異様なものであった。仮面づくりのお爺さんは仮面になって消える。お爺さん当人が消えたのでもなければ、お爺さんが消えて、お爺さんにそっくりな仮面が遺されたのでもない。それはスニフが充実したスニフとして自分を発見しなおしたことで、仮面祭りが本当に終了したことを示しているのだろうか。しかし、ひょっとするとこの異様な終わり方は、以上のような儀式が仮面祭りにかぎられたものではないことを、印象的に示しているのかもしれない。子供たちの友人関係、村人たちが織り成すさまざまな対人関係、そしてムーミン一家やスノーク家、ミイたち姉妹やヘムレンさんとスニフの家族関係さえ、仮面をつけたさまざまな儀式にほかならないことを、この結末はどこか暗示しているようにも思える。しかもそれだけではない。この優れた作品は、哲学の歴史を貫通して人間存在の真相に迫る問題に、キリスト教信仰の歴史的

第Ⅵ章　儀式と人格

な基層とはまったく異なった角度から、とてつもない切り込み
を行っていたのである。

第VII章

流行と信頼
花占い大事件

第1節　日常的な生活世界

　高度に発展した現代の科学は、素人にとってはとてつもなく難解である。それはきわめて複雑で、しかもさまざまな数式からなり、さながらイメージをよせつけない、抽象的なモザイクのように見える。このため、現代の科学は、わたしたちの生活実感から隔たったものとなっている。たとえば、今日の自然科学は、この世界で起こるあらゆる事象を、分子や原子、さらには素粒子のふるまいとして描き出す。これはかつてデカルトが構想した、数学的な自然学（第Ⅳ章の第1節を参照）の延長線上に描き出される、いわば無色無臭の物質的な世界観だともいえる。かれが樹立しようとした確実な学問は、現在において、高度な数学を駆使する合理的な知識のシステムとなって実現したのである。

文明の危機と相対主義

　かつては神聖不可侵の領域であると信じられていた、生命や精神の座である脳のメカニズムまでを、現代の科学は解明しつつある。しかもそれだけではなく、現代科学はまた、それらを人為的に操作する可能性をつぎつぎと切り開いている。しかし、そうした発展の代償としてなのか、現代科学はわたしたちの生

第1節　日常的な生活世界

活実感をおきざりにしている。そして現代の科学は、諸個人に
はまったく手のとどかない、実にさまざまな専門領域で研究さ
れ、その成果だけを絶大な威力とともに見せつけているのであ
る。その一方、今日では、地球環境問題や生命倫理をめぐる難
問が各所で噴出しつつある。このため、科学にもとづく現代の
文明が、このまま進展してよいのかどうか、わたしたち人類は
文明の担い手として、このことを真剣に考えなければならなく
なっている。

　現在の問題情況にふれておいたが、以上のような問題意識が
深刻になったのは、人類の歴史のなかでいうと、それほど特異
なことではなかった。近代以降にかぎっても、たとえばヨーロ
ッパ文明の危機が語られた第一次世界大戦後の情況や、人類が
自分たちを滅亡させる最終兵器を保有してしまった第二次大戦
後の冷戦期の情況など、人間が文明の担い手としての重責を痛
感させられる情況は、現在に至るまで何度もくりかえされてい
る。そのたびごとに人間は、自分たちが与する文明の歴史的な
現在を疑問視し、たったいま直面するのとは別の現在がありえ
たのではないかと考え、眼前の歴史的現在を相対化する傾向に
はまり込んでいる。こうした傾向は、たしかに、危機的な現状
の打開を模索する積極的な一面をもっている。しかしその一方
で、際限のない相対化が、わたしたちの保有する文明の遺産す
べてを、無責任に投げ出す姿勢を助長してきた。これによって
事実上、歴史の担い手であるべき人間の大半が、いっさいの責
任から逃れようとする風潮をもたらしたのである。

　科学技術の現状は、なるほど最善のものではないだろう。し
かし、自分たちはその恩恵にどっぷりと浸かってもいる。現に
認められる科学技術の弊害を考えれば、この現状とは異なった

第VII章　流行と信頼

方向性も、やはりありえたはずである。その点で、恩恵と弊害
が入り乱れた歴史的現在は、唯一絶対のものではない。あくま
でも相対的な選択肢の一つとしてこの現在はある。とはいえ、
今後を左右する方向決定を迫られたところで、自分には何も分
からず、責任も負いかねる。現代文明の方向づけは、現実問題
として、専門家の判断と力量にゆだねるほかないではないか。
そもそも、高度な科学技術は、一般の諸個人には縁遠いものと
なっている。自分たちがそれを制御することなどできはしない。
これがわたしたちの実感ではなかろうか。文明の危機が予感さ
れたとき、人類は過去において、およそ以上のようなアパシー
（無関心・鈍磨状態）におちいっていったのである。

　しかしながら、生活実感と確実な知識とが断絶をとげ、確実
と信じられていたその知識さえも際限なく相対化される危機の
時代は、文明の遠い過去にまでさかのぼってもまた認められる。
ヨーロッパ文明の母体とされる、古代ギリシアの歴史のうちに
もすでに、その深い傷痕が刻みつけられているのである。

古代ギリシアの数学

　数学を駆使した学問的な知識というと、自然科学に特有な、
いわば現代の専売特許であるかのように思われている。数学的
な学問は、ガリレオやケプラー、そしてニュートンなどのビッ
グネームを筆頭につくりだされた、西ヨーロッパ近代の産物に
ほかならない。たしかに、最近ではしばしば、かれらの実像が
想像以上に宗教的な色彩をもっていたことが指摘されている。
そして、現代科学の創始者としてかれらを理解することに、多
くの疑問がなげかけられてきた。とはいえ、自然のうちに数学
的な秩序を発見し、自然秩序を支配する諸法則を数学的に定式

第1節　日常的な生活世界

化して、自然現象を体系的な手法で解明したことは、やはり現代の科学に直結する西ヨーロッパ近代の成果であった、と考えられるのではないか。しかし、数学のなかでもとくに幾何学は、古代ギリシア文明の卓越した遺産にほかならない。しかも厳密な論証的学問としての数学は、そのもっとも重要な素地にあたる考え方を、すでにして古代のギリシア人たちが完成させていた。かれらは歴史上も他に類のないこの偉業を、近代の自然科学がそうであったように、驚異的なスピードでなしとげたのである。

　現代では、たとえば数理経済学など、社会科学の領域でも広く数学が用いられている。とはいえ、数学はやはり、自然研究の領域で絶大な威力をもつとイメージされる。他方、ギリシアにおいては、事情がかなり異なっていた。数学というものは、あいまいさや恣意性の余地をまったく残さない、きっぱりとした知識を提供する。このため、数学は法律の理想とされていた、ともいわれる。それは自然を支配する論理というよりも、むしろ誰もが納得して従う社会論理であった、とイメージしてもよいだろう。こうした事情から、数学を自然研究に導入する試みは、実に画期的なものであったと推察される。そして、この試みを体系的に推し進めた一人のギリシア人が、現存する史料から知られている。それは幾何学の定理でも有名なピュタゴラスという人物であった。

ピュタゴラスとかれの教団

　ピュタゴラスは紀元前6世紀半ば頃の人で（前570年頃―没年不明）、イオニア地方のサモス島から、一説によると政治亡命して（前530年頃）、南イタリアのクロトンという都市へ移住し

第VII章　流行と信頼

ている。かれはそこで教団を結成し、輪廻転生を基調とするオルペウス教に関連した、数学的自然学をこの教団に継承させている。そのいきさつは謎に包まれており、ピュタゴラス当人のことを記した史料も伝承にもとづくため、かれの実像についてはほとんど不明である。しかも、近年では専門研究者のあいだで、伝統的なピュタゴラス像とピュタゴラス派の歴史的実像が大幅に訂正されるようになった。また、かれよりもかなり後の時代になるが、紀元前5世紀後半から4世紀前半のピュタゴラス派として知られる、たとえばピロラオスやアルキュタスという人物その他についての現存史料が、この教団の研究内容をおぼろげながら伝えている。とはいえ、アルキュタスをピュタゴラス派と呼ばれる人々に含めることには慎重な研究もあり、現存する史料の信憑性は定かでない。

　以上の理由から、現存史料の教える内容は、ピュタゴラス自身の学説であったのかどうか、また古代の段階ですでに、伝承をもとにした推定によらなければ、その学説は語り得なくなっていたのではないか、といった疑問が常につきまとう。しかし、後世のアリストテレスとかれの学派が遺した記録、およびピロラオスとアルキュタスの断片は、ピュタゴラス派の学説について知るための数少ない手掛かりとなる。ちなみに、有名なプラトン（前428/7―348/7年）は、ピロラオスの著作を大金で購入したともいわれる。そしてプラトンは、門外不出であったピュタゴラス派の学説を書き直して、対話編『ティマイオス』を書き上げたとも伝えられている。たしかに、このことは近年の研究によって、疑問視されるようになった。しかし、この対話編を読んでみると、仮にプラトンがピロラオスの学説を知っていたとすれば、かれにはピュタゴラス派の高度な数学的議論が

ほとんど理解できなかったのではないかという、率直な印象が余儀なくされる。どうやら、有名な哲学者でも数学の素養には恵まれていないということが、ギリシアの時代からあったようだ。この点はともかく、現存する史料が限られていることから、かなり漠然とした設定になってしまうが、以下ではピュタゴラス派（と呼ばれる人々）全般の最大公約数的な、あるいはその一面から再構成される学説について考えることにしたい。

数学的な自然観と霊魂観

ピュタゴラス当人にさかのぼる考え方であったのかどうか、この問題は別として、ピュタゴラス派は音楽と自然のうちに統一的な数比の秩序を想定していたようである。たとえば、弦楽器の和音は、2本の弦が正確な整数比の長さにされたときにだけ生まれる。その整数比は、1対2（8度）、2対3（5度）、3対4（4度）であり、これらの場合だけ、万人の魂を心地よくするハーモニーとなる。これはなぜであろうか。ピュタゴラス（派）はこの疑問に答えて、わたしたちの魂はもともと整数比の秩序でかたちづくられており、肉体をもってこの世に生まれてくる以前には、数秩序からなる真理真相の世界にいたと考えたらしい。肉体は魂の働きを曇らせるため、わたしたちは本来の故郷である真理真相の世界を、この世ではほとんど忘れている。ところが、和音は正確な整数比で構成されているため、それを聴くと、わたしたちの魂は故郷を思い出して心地よくなるのである。

他方、魂とは異なり、物質だけからなる自然界は、さまざまな大きさと形の事物から構成されている。つまり、自然界は幾何学的な構造をもっているのである。そして、外見上は限りな

く多様な自然物を調べていくと、たとえば巻き貝の構成やオリーブの樹に見られる枝ぶりの構成は、一貫した構成比をなしていることが分かる。これらの観察から、ピュタゴラス（派）は、自然物すべてが整数比にしたがった幾何学的な形象に還元されると考えたようである。

　こうして、わたしたちの魂は音楽を通じて純粋な数秩序へ、また自然界は幾何学的な形象を介して同じく純粋な数秩序へと統一される。オルペウス教の信仰は、ピュタゴラス（派）によって、数学的に合理化されたともいえるだろう。霊魂と物質世界の二元論は、数という統一的な原理にもとづくことで、数についての学問、すなわち数学が両面的に解明する二側面となった。宗教的な発想としては、肉体に曇らされた魂が数学によって故郷の真理真相を見きわめ、純粋な姿へと浄化されることで輪廻の苦しみから解脱する、ということである。そのためには、しかし、霊魂と対立する──肉体をその一つとして含む──物質世界の真相をも解明する必要がある。わたしたちの魂を捕らえる肉体や物質が、いったいどのような本性をもつのか、この点を見きわめなければ、魂はいつまでも肉体や物質から完全には解放されない。では、物質世界はどのように成り立っていると考えられたのであろうか。

限定と無限から構成された世界

　ピロラオスの著した『自然について』の冒頭に記されていたものとして、次のような断片が遺されている。「宇宙内の自然は、無限なるものどもと、限定するものどもとの調和から成り立っており、宇宙全体も、そのなかにあるすべてのものも、そうである」。また、これとは別に、「ピュタゴラス派の人たちは、

第1節　日常的な生活世界

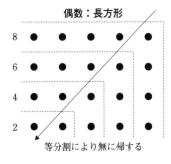
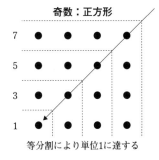

偶数は無限なものであると言った。というのも、〔……〕偶数のものはすべて等しい部分に分けられ、等しい部分に分けられるものは、二分されるという点では無限の〔際限なく二分される〕ものだからである。一方、奇数がつけ加えられると、それ〔等分割〕に限りをあたえる。というのも、それを等しい部分に分けることを妨げるからである」といった断片も現存する。

　これらの断片から、偶数（列）および長方形という形象は、等分割していくと無に帰する一方、奇数（列）および正方形は等分割していくと、究極の単位1に達する、といった解釈がなされてきた。ここで分割という手続きを逆にして、各形象の構成ということを考えると、偶数や長方形は無からなる、つまり本当は存在しない幻影だということになる。これにたいして、奇数や正方形は究極の単位によって支えられており、確かに存在するということになる。ピュタゴラス派によると、このように数の原理から考えるかぎり、幾何学的形象やその数からなる物質世界は、虚実が入り乱れたものとなっている。しかし、それだけではない。立体という形象を基本として成り立つ事物世界は、それ自体として幻影のような性格を呈することになる。

　記録によると――その信憑性について議論があるとはいえ

第VII章　流行と信頼

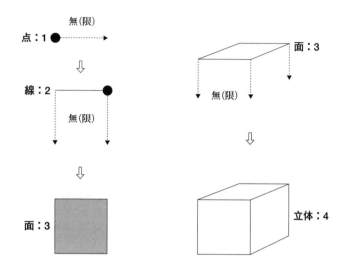

──、ピュタゴラス派は「数から点が、点から線が、線から平面図形が、平面図形から立体図形が、立体図形から感覚される物体が生まれる」と考えた。究極の単位1である点が、無限のプロセスを経て軌跡を描くと、数2に対応する線を形成する。この線が無限のプロセスで軌跡を描くと、今度は数3に対応する面が形成され、さらに面が無限のプロセスで軌跡を描くと、数4に対応する立体が形成される。事物はいずれも、最後に形成されるこの立体にならって生まれるが、それらは単位1からすると、三重の無限プロセスないし本当は無でしかない単なる軌跡である。わたしたちの曇らされた魂は、いわば三重の無をあたかも存在するものであるかのように思い込んで、物質的な世界を経験している。そして、ここで対応する1、2、3、4は、さきほど解説した和音の構成比になっている。おそらく、わたしたちの魂は経験世界を捉える働きのうちにもまた、これらの数比で構成された故郷の痕跡をとどめているのであろう。

第1節 日常的な生活世界

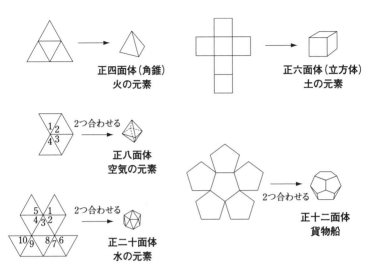

しかし、自然界の数学的な秩序は、より細部に至るまで貫かれている。

正多面体と五元素

古代ギリシアでは、自然界は基本的な諸元素から構成され、それらの離合集散や相互転換によって、変化に富んだ物質現象が起こると考えられていた。たしかに、元素にどのような種類を認めるかという点では、かならずしも一律ではなかったようである。しかし、火、空気、水、土の四種類が、元素の代表であったと考えられている。ピュタゴラス派もほぼこの路線で、自然界の構成を理論化しているが、かれらの学説は数学的な発想を基本としている。「そして、球状宇宙を構成する物体は五つ、すなわち球状宇宙のうちにある火、水、空気、土、さらに第五のものとして、球状宇宙の貨物船」といったピロラオスの

第Ⅶ章　流行と信頼

断片が現存する。また「ピュタゴラスは、数学的立体とも呼ばれる五つの形の立体があり、そのうち立方体（正六面体）から土が、正四面体（角錐）から火が、正八面体から空気が、正二十面体から水が、正十二面体から万物の球体が生まれたと言う」と記録されている。さて、これらの断片から、どのような自然学説の一面が浮かび上がるだろうか。従来の解釈を参考にしながら、その一面に迫ってみることにしよう。

　前頁図のように、平面上に描いて折り曲げ、構成することのできる正多面体は、五つにかぎられることが分かる。正三角形、正方形、そして正五角形までが正多面体の展開図として描きうるのであって、正六角形の組み合わせでは折り曲げることができず、正七角形以上は辺を重ねて平面上に描くことができない。このことから、平面幾何学によっても、正多面体は五つにかぎられることが証明される。ピュタゴラス派はこのようにして構成される正多面体のうち、一番シンプルで各頂点の角度が鋭い正四面体（角錐）が、もっとも活動性の高い火の元素を表し、正三角形からなる正多面体で次にシンプルな正八面体が、火に次いで活動的な空気の元素に相当すると考えた。そして、正三角形からなる正多面体で各頂点が比較的なめらかな正二十面体を、流動性の高い水の元素にあてはめ、また隙間なく密に並びそうな正六面体（立方体）を土の元素としている。残る正十二面体は貨物船にたとえられているが、もっとも球に近いこの正多面体は、自然界を構成する元素とはいえ、小さいものではなく、宇宙全体を包み込む容器といった、巨大な元素として考えられていたようである。

　いずれの正多面体も、すでに述べたように、三重の無（限）を介して構成された一種の幻影であり、物質世界は数秩序にし

第1節　日常的な生活世界

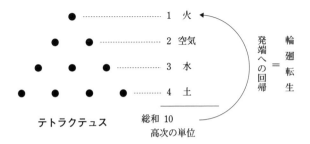

たがって、究極の単位かつ真実在としての1に支えられるかぎりで存在している。いうまでもなく、長方形や偶数列からなる事物はこの支えをもたず、まったくの幻影だということになる。ピュタゴラス派の考え方からすると、おそらく自然研究はこうした真相を見きわめて、物質に拘束された状態から魂を浄化する目的でなされていたのであろう。以上のような宗教的背景は、さらに、かれらが教団のシンボルマークとしたと伝えられる、テトラクテュスにも示されている。

このシンボルマークは、1、2、3、4といった和音の構成比をすべて含み、しかもこれらの整数に割り振られた各元素は、根源の一点から立体の生成までと同じ1、2、3、4の段階をなし、総体が再び根源の火へと回帰する。まさしくこれは、オルペウス教の輪廻転生を合理化した、数学的な世界観を描き出している。同時にまた、ここに見られる数の構成は、魂の本性を表す整数の秩序そのものとなっている。このように、ピュタゴラス派の神秘主義的な学説は、宗教的な世界観と数学的な合理主義とが見事に合体したものであった。かれらは霊魂救済事業と表裏一体化した自然研究のプログラムを、外見上は宗教とは無縁に思える数学的な手法によって、着実に推し進めていた

のではないかと推察される。極端な言い方をすれば、現在の科学技術は、人間精神（魂）の救済についてはあっさりと断念して、数学を最大限に用いた肉体の救済事業へと変貌した、特異なピュタゴラス派的プロジェクトを推し進めているのである。いかなる信仰を背景としても揺らぐことのない、学問の確実な基礎というデカルトの発見（第Ⅳ章の第1節を参照）は、こうした肉体（物体）と人間精神（魂）との分断を意味していたことも判明する。このことはともかく、ピュタゴラス派のプログラムは、サラミス湾の海戦（前480年）でペルシア帝国に勝利したギリシアの戦中・戦後体制のもとで、その根本からくつがえされるのであった。

エレア・ショックと文明の危機

　南イタリアのクロトンにほど近い都市エレア。このエレアに登場した一人の人物は「真理への道」を示すことによって、ピュタゴラス派の壮大な計画に、決定的な破産宣告を下す。その人物はパルメニデス（前515／10—450／45年）であった。ヘクサメトロスと呼ばれる韻文様式で綴られたかれの著は、ピュタゴラス派の学説はもとより、伝統的なイオニア自然学の理論的な基盤を一瞬にして消滅させるほどの、いわば最終破壊兵器を装備していた。しかもヘクサメトロスは、ヘシオドス（前8世紀—7世紀頃）という、古代ギリシアを代表する詩人が採用した様式で、かれの作とされる『神々の系譜』は、自然学を志すものが独自の着想をえるための基本として学ばれていたともいわれている。したがって、パルメニデスがヘクサメトロスの様式で「真理への道」を語っているということは、みずからが示す道がヘシオドスの示した道にとってかわるといった、とてつ

第1節　日常的な生活世界

もない自信の明確な表明になっているのである。このように、従うべき道を示している点で、パルメニデスは方法論の元祖だともいえる。

　パルメニデスの詩によると、探究の道として第一に考えられるのは、真理に従う道、すなわち「在る」そして「在らぬことは不可能」ということをわきまえる道である。この道は、いかなるものごとも、それが在るかぎり、同時にそれが無いということは不可能だという自覚を促す。そして第二に示されるのは、探究することのできない道、すなわち「在らぬ」そして「在らぬことが必然」ということをわきまえる道である。この道はようするに、あらゆる意味で存在しない"何か（？）"など、そもそも考えようがなく、知ることもできなければ、語ることさえできない、という自覚を促している。ところが、愚かな人間どもは道を誤り、あたかも「在ると在らぬが同じであり、かつ同じでない」と思って平然としている。このように指摘するパルメニデスは、まず確実に、限定された存在（単位1）と無限から世界を構成するピュタゴラス派に集中砲火の照準を合わせている。

　たとえば、線は点が移動した無限の軌跡として、つまり存在しないものとして在る。面は線が移動した無限の軌跡として、また立体は面が移動した無限の軌跡として、いずれも存在しないものとして在る。つまるところ、立体で構成された事物世界は、在らぬもの（無でしかない軌跡）として在り、しかも在るもの（感覚の捉える世界）としては在らぬ、ということになる。これはパルメニデスが語るように「在ると在らぬが同じであり、かつ同じでない」といった戯言にすぎない。したがって、ピュタゴラス派の学説は、その根本から破綻していたことになる。

第Ⅶ章　流行と信頼

かねてより、ピュタゴラス派が構築する世界観は、人々の実感に根差した生活世界を置き去りにしながら、数学に裏打ちされた高度な厳密性を誇示していた。ところが、その厳密性を支える論理の屋台骨は、パルメニデスが語り示す「真理の道」によって、基盤もろとも崩れ去ったのである。すでに解説したゼノンのパラドックスは（第Ⅱ章の第1節を参照）、パルメニデスの示した道（方法論）を細部にまで徹底して、単位からものごとを構成する考え方や、運動や変化を理論的に扱う方法を、論理の土俵で再起不能となるまで粉砕していたともいえる。ゼノンが行ったのは、ピュタゴラス派をはじめ、生成変化を基調とするイオニア自然学にむけた、いわば完全無効宣告にほかならなかったのである。

　かくして、古代ギリシア有数の厳密な学問体系はものの見事に瓦解し、その衝撃はあらゆるものの見方や考え方を相対化するところまで波及する。ギリシア文明はペルシア帝国に勝利した戦後体制のもとで、こうした際限のない相対化と、この傾向に便乗した安易な相対主義を克服していかなければならなかった。とくに、都市国家アテネは、繁栄の絶頂に至るまでの大きな試練として、以上のような文明の根幹に病巣を広げる危機と、ただちに向き合わなければならなかったと推察される。

ヨーロッパ文明の危機とフッサールの訴え

　本節の初めに述べておいたが、かつて古代ギリシアが経験した危機の時代は、ヨーロッパ史のなかでさまざまに装いを変えながら、くりかえし到来する。たとえば、20世紀の初め頃に、フッサール（1859―1938年）という大哲学者は次のように語っている。「危機の出発点は、諸学問にたいして前世紀末のころ

第1節　日常的な生活世界

に現れた、一般的な評価の変化のうちに認められる。この変化
は、諸学問が学問としてもつ性格に関わるのではなく、むしろ
個々の学問および学問一般が人間の生存にとってもっていた、
そしてもつことのできる意味に関わっている。19世紀の後半に、
近代人の世界観はもっぱら実証的な学問によって規定され、そ
の実証的な学問に負うところの繁栄によって、常に幻惑された
のである。が、こうした独占的な偏向は、真の人間性にとって
決定的な問題から、無関心に目をそらすということを意味して
いた。単なる事実学は単なる事実人間をつくる。〔しかし〕世
間一般の評価の変化は、とりわけ第一次大戦後、もはや避けら
れないものであった」。

　フッサールはこのように述べて、すべての価値と意味づけを
相対的で主観的なものと断定して終わる偏狭な歴史相対主義と、
いっさいの事実を歴史・社会的な文脈から引き離して、あたか
も理解できたつもりになる実証的な学問の偏向（単なる事実学）
に、人間性への無関心といった共通の病巣があることを指摘し
ている。そしてかれは、この病弊を放置する時代の風潮が、い
まや若い世代のあいだでは敵意の的にまでなっていると訴えて
いる。「苦しい生活のなかで、事実学はわたしたちに何も語っ
てくれない。学問は今日の不幸な時代のなかにあって、
〔……〕人間のこの生存全体に意味があるのか、それとも無い
のかという問いを、原理的に排除しているのである」。このよ
うに警鐘を鳴らしたフッサールの考えからすると、高度な客観
性をもつ科学といえども、わたしたちが科学以前によりどころ
としている、この日常的な生活世界を基盤として成立し、また
現に成り立っている。実際、科学の最先端で理論方程式を操作
する専門家さえ、方程式の具体的な意味を理解し、そのイメー

第VII章　流行と信頼

ジを思い描いて納得するためには、生活世界のもとでおなじみ
の事柄をもとにしているのである。そして、いうまでもなく、
人間の生存全体に意味を求めるのは、ほかならぬこの生活世界
においてである。

　しかしながら、生活世界はわたしたち人間の思い込みや誤り
に満ちた世界でもある。このため、科学の構成する客観的な世
界と対比すれば、生活世界は相対的で主観的な世界にすぎない。
それでもなお「客観的な真理という理念は、その意味全体から
いって、科学以前と科学以外の生活のうちに認められる真理の
理念との対比によって、あらかじめ規定されている」のである。
たしかに客観性を目指す諸学問が、科学以前と科学以外の生活
世界を篩にかけ、そこから客観的な真理を洗い出そうとするの
は正当な試みであろう。とはいえ、仮に諸学問が生活世界の要
求から完全に断ち切られるのであれば、諸学問はただちに存在
意義を失うほかない。このように、生活世界は、客観的な諸学
問の基盤であり、また源泉でもある。しかしその一方で、生活
世界はあくまでも相対的で主観的な側面によって、その命を与
えられている。では、諸学問の与える客観的な知識は、いかに
して生活世界と結び合うことができるのであろうか。生活世界
は具体的で明々白々な世界でありながら、相対的で主観的な世
界にほかならない。そのような世界は、しかし、同時にまた諸
学問の客観性を生み出しかつ支えている。フッサールはこの逆
説的な事態を問題として浮上させた。そしてかれは、この困難
な問題と向き合う以外に、ヨーロッパ文明の合理的精神が時代
の危機を克服する生命線はない、と訴えていたのである。

第1節　日常的な生活世界

ウィトゲンシュタインと説明の拒否

　フッサールと同様、第一次大戦後の危機的な風潮を経験した
ウィトゲンシュタイン（1889—1951年）もまた、浅薄な相対主
義と正面から対決している。「語り得ぬことについては沈黙し
なければならない」という言葉で有名なこの哲学者は、オッカ
ムの剃刀でいえば、さまざまな言語や記号を用いれば語り得る
ものごとと、そもそも語るということにはそぐわないものごと
とを、きっぱりと切断したのである。後期の「言語ゲーム」と
いう性格づけのうちに認められる言語観においても、ウィトゲ
ンシュタインは語り得ないものごとを切ったまま温存させ、そ
れらが言葉によって説明されることを、断固として拒否したと
されている。

　わたしたちのコミュニケーションは、言葉や記号によって、
意思や意味を互いに伝え合っていると考えられがちである。し
かし、意思や意味と呼ぶにふさわしい何かが定まっていて、そ
れがコミュニケーションにより伝えられる、と考える必然性も
必要性もない。たとえ、その種の何かがあると思い込まれてい
るとしても、その種の何かとはまったく無縁に、言葉や記号を
その一側面とする、わたしたちの相互行為は現に成り立ってい
る。必要だと思われている〝意思〟や〝意味〟といったものは、
むしろ言語を使用したゲームのように進展する、生活世界の相
互行為によって生み出され、また支えられているのである。

　大胆にまとめると、言語ゲームの言語観は以上のような性格
になるが、これは前章の第3節で扱った「儀式」としての相互
行為に類比的な性格だともいえる。各儀式を織り成す多様な主
観性とさまざまな程度の客観性が、あるところでは重なり合い、
また別のところでは対立し、あるいは分離したまま併存する。

197

第Ⅶ章　流行と信頼

このように、日常言語に織り成される生活世界は、無数の儀式が集積した総体として、そのつど人々によって営まれつつ成り立つ世界である。「日常言語というものは、人間という有機体の一部であり、これに劣らず錯綜している」。そして、それぞれの儀式にとって重要なものごとの大半や、無数の儀式が集積して営まれている生活世界の、とくに核心となるものごとは、科学によっても、またそれ以外の知識を総動員しても語り得ず、ましてや説明することなどできはしない。というのも、科学その他の知識は、それぞれの儀式に応じた言語ゲームの一産物、あるいは一面的な像にすぎないので、生活世界の全貌をこれに置き換えるということは、正確な地球儀をつくった後に、人類もろとも地球を無用であるかのように扱う企てと同様になってしまうからである。

非常に古い現代的な問題？

　科学その他の知識は、生活世界が無数の儀式によって現に営まれているかぎりで、たかだかその一面的な像として成り立つことができている。したがって、生存全体の意味といったフッサール的な問いは、そもそも語り得ないものへむけられた問いである。しかし、わたしたちはむしろ、このことを率直に認めたうえで、言語による説明がもたらす虚像を切断しながら、語るのとは別の仕方で、すなわち「それを生きる」という仕方で、生存全体を引き受けるほかない。「価値とは一定の精神状態なのか。それとも何か意識に与えられたものに付随する形式であるのか。他人がわたしに何と言おうとも、わたしはそれを拒否するであろうが、このようにして拒否するのは、その説明が虚偽だからではなく、それが〔そもそも〕説明だからであると、

198

第1節 日常的な生活世界

わたしは答えよう」。このように、ウィトゲンシュタインは、説明という企てを拒否する姿勢を示している。生存全体の意味や価値のように、説明にはそぐわないものごとは説明から切断され、切断されたまま、生きられるべきものとして残されているのである。

生活世界を織り成している多様な儀式の諸部分を眺めれば、それらは時代によっても地域によっても異なり、そのつど変化する相対的なものでしかない。言語やその働きもまた同様である。しかし、わたしたちは、それを承知のうえで、現に与えられている自分たちの言語をつうじて、いまここにある世界を生きるほかない。これがウィトゲンシュタインの深遠な境地であった。しかしながら、生きられるものとしての生活世界は、フッサールもウィトゲンシュタインも直面していたように、相対主義と単なる事実学への偏向といった時代の危機を、実際に生み出していたのである。しかも、かつてこれらの偏向は、生きることに代えて意味の説明を熱望し、その説明を与えてくれない現状を敵視する風潮へと発展していった。少なくとも古代ギリシア以来、ヨーロッパの歴史にいく度となく繰り返されたこの危機的な動向は、わたしたちの生存全体である生活世界の、いったいどこから生まれ、またどのようにして生まれてくるのだろうか。フッサールもウィトゲンシュタインも、この点についてはほとんど教えてくれない。しかし、実はこの超難問に応えようとするかのようなストーリーが、ムーミンのシリーズ中に存在する。そこで以下では、このストーリーの具体的な展開のうちに、生活世界の危機をめぐる問題を探ってみることにしたい。

第2節　逆立ちする価値観

　ここで扱うのは「花占い大事件」と題された作品である。ストーリーは、ノンノンを待つムーミンのとなりで、ミイとスニフが花びらを一枚ずつちぎっていくシーンに始まる。そして、来る、来ない、来る、来ない、……といったスニフの占いは、来ないという予言になる。そんな占いが当たるものかと、ムーミンは信じようとしなかった。ところが、しばらくすると、友人のオシャマさんが、ノンノンからの伝言をもってやってくる。ノンノンは用事ができてしまって、今日は一緒に遊べないということであった。この一件で、スニフとミイは花占いのとりこになってしまい、何事につけ花を摘んでは、さかんに占いをするようになる。そしてムーミンもまた、明日の天気を占って、花びらをちぎり始める。

占いの流行と危機の予感

　しばらくすると、ムーミンのところへ、ムーミンパパがやってくる。ムーミンパパは、花占いをするムーミンを見つけ、何たることか、と驚く。これは悪いことの前兆かもしれない。ムーミンパパによると、ずっと昔に、やはり花占いが大流行したことがあった。その流行が去ると、こんどはあいさつ代わりにアカンベーをするといった奇妙な流行がやってきたという。そうこうするうちに、おさびし山が大噴火したらしい。ムーミン谷はその噴火で、とてつもない被害をうけた、ということである。ムーミンパパはそうした過去の大事件を思い出して、花占いの流行が、またしても大きな災いの到来を告げているのでは

第2節 逆立ちする価値観

ないかと心配したのである。そこでムーミンパパは、ともかく
警戒をうながしてもらうようにと、警官のヘムル署長に伝えに
行くのであった。

　こうして、花占いの流行と過去に起きた災害のことが、ムー
ミンパパによって伝えられる。しかし、話を聞いた署長は、お
さびし山は大爆発を「絶対しません」と言ったのである。あま
りにもそっけない返答であった。そこでムーミンパパは、なぜ
断言できるのかと、その場でヘムル署長に迫る。すると署長は
花びんから花を一輪とりだし、災害は起こる、起こらない、起
こる、起こらない、……やはり起こらない、といったように、
花占いで理由を示すのであった。絶望したムーミンパパは、こ
れは大変なことだと考え、知り合いを一人ひとりたずねてみた。
ところが、驚いたことに、その誰もが花占いに熱中している。
流行は早くもムーミン谷のいたるところに広まっていたのであ
る。しかし、科学に通じたスノークならば、花占いのような迷
信には左右されないであろう。このように考えて、ムーミンパ
パはスノークのところに行く。

　すでにスノークは、今回の流行を知っていた。そしてかれは、
花占いのためにムーミン谷の花がつぎつぎと摘み取られている
ことを嘆き、流行が自然破壊になっていると言って、流行に走
る住人たちを非難する。ところがである。スノークは自然破壊
にならないよう、自分は占い用の花を栽培していると自慢する
のであった。ムーミンパパの心配したことはこうして、もはや
どうにもならないところまで進んでいたのである。家にもどっ
たムーミンパパは、どうしたものかと、自分まで花占いを始め
る始末であった。そこでムーミンは、今回の花占いが、いった
いどこから始まったのかを調べてみてはどうかと提案する。し

かし、どこから始まったのか分からないというのが、まさに流行というものの特徴にほかならない。ムーミンパパはそう告げる。

過ぎ去る流行の出どころ

　翌日、ムーミンの家にノンノンがたずねてきた。彼女はいかにも心配そうな声で、玄関の外からムーミンの名を呼んでいる。玄関のドアを開けてみると、ノンノンはそこで逆立ちをしていて、ムーミンもすぐに逆立ちをするよう求めるのであった。こんどは逆立ちが流行していたのである。しかも、兄のスノークが過去の記録を詳しく調べたところ、大変なことが分かったという。かつて花占いの流行にもアカンベーの流行にも背を向ける男の子がいた。その子は当時ちょうどムーミンと同じ年頃で、かれ一人だけが、おさびし山から押しよせた熔岩にのみこまれて、かわいそうに死んでしまったのである。それでノンノンは心配でしかたがなくなってしまった。ムーミンが流行に一人でさからうのをやめさせなければならない。そう考えたノンノンは、急いでかれのところへやってきたのである。彼女の話を聞いたムーミンパパは、過去にあったその事件を、はっきりと思い出す。そして、ムーミンに逆立ちをするよう忠告し、ムーミンママとともに自分もすぐに逆立ちをする。「へたに流行にさからうと一大事になる！」ムーミンパパはこう叫ぶ。しかし、ムーミンは逆立ちというものが苦手というか、ようするに逆立ちができなかったのである。

　困ったムーミンは、スナフキンのところへ相談に行く。ムーミンが事情を話すと、スナフキンはすべて迷信だという。そして、逆立ちを習うよりも、ムーミンにはしなければならないこ

第2節 逆立ちする価値観

とが、ほかにあるのではないかと告げる。それは初めに考えた
ように、流行の出どころを探してみることにちがいない。ムー
ミンはそう考えて、さっそく探しに出掛ける。そしてムーミン
が、あちらこちらを探して、おさびし山のふもとにやってくる
と、そこには一人の奇妙ないでたちの老人がいた。その老人は
川の水で顔を洗っていたのだが、ムーミンに気づいたかれは、
自分はハヤレーノの神だと名乗る。そして、逆立ちを流行らせ
たのは自分だと言う。「わしは何でも流行らすのが趣味でな、
花びら占いや逆立ちはほんの小手調べ、こんどはムーミン谷の
平和をかき乱してやろうと思っとる」。かれはいかにも皮肉た
っぷりに語る。「わしの調べたところ、ムーミン谷の連中は単
純でお人よしぞろいじゃからなァ、つまりバカ、ワッハッハッ
ハッハッハ」。もちろん、ムーミンはかれの意地悪い言葉に腹
が立って、激しく反論した。しかし、ハヤレーノの神は、雲と
も綿ともつかない奇妙なものを手にする。そして、かれはその
奇妙なものにフーッと息をふきかけ、ムーミン谷にまきちらす
のであった。

　どうやらハヤレーノの神が、近ごろの、いかにも人をばかに
したような一連の流行をまきちらしているらしい。流行の出ど
ころが、ついに分かったのである。ムーミンはさっそくこのこ
とを伝えにもどる。しかし、かれの話を聞いた住人たちは、な
かなかそれを信用してくれない。それでもムーミンは真剣にか
れらを説得し、ともかくも自分の目でハヤレーノを見れば、真
実が分かるからと、目撃した現場へ両親や友人、そして他の住
人たちを案内する。ところが、そこに行ってみると、もうハヤ
レーノの神は見当たらない。そこで、ムーミンは周辺を探して
みる。すると、ハヤレーノの神と名乗ったあの老人が、小高い

203

岩山の上に立っていた。ムーミンはそちらを見るよう、皆に求めるのだが、すぐそこで意地悪そうに笑っているその老人の姿は、ムーミンにしか見えない。このため、ムーミンが嘘をついているということになってしまったのである。

物騒な一日

ムーミンは落胆する。ムーミンパパやムーミンママまでが自分を信じていないようで、子供のころには夢に見たことを現実と取り違えることが、よくあるものだと言う。それを聞いて、しだいにムーミン自身もまた、パパとママのいうとおりかもしれないと思うようになっていった。一方、ハヤレーノの神はそのようすを眺めながら、これでまもなくあのムーミンも、自分の仕掛けた流行のとりこになるだろうと、自信たっぷりに笑っている。「フッフッフッフ、わしの姿はすぐに他人の言いなりになるような者には見えんのじゃよ。……どうれ、新しい流行のたねをまくかな、プシュー……はやーれー」。ハヤレーノの神はこうして、また雲とも綿ともつかないふわふわのものを、まきちらすのであった。

そして一夜が明ける。早朝から、たてつづけに銃声が鳴り響いていた。こうして、実に物騒な一日が始まる。なんでも、凶悪な盗賊の一団がムーミン谷を襲撃する夢を、村人の多くが見たということで、大人たちの誰もが自分たちを護るために、朝早くから射撃の練習を行っていたのである。花占いから逆立ちへと変化してきた流行は、ここにきて、ついに根拠のない不安と射撃の練習といった、ほとんど自滅的な方向へと発展をとげていた。ムーミンパパはこの急激な変化に危険を感じる。しかし、流行に背を向けることは、それ以上の災いをまねくかもし

第 2 節　逆立ちする価値観

れない。ということで、ムーミンパパまでが、ほこりをかぶっていた旧式の銃をもちだし、射撃の練習に加わるのであった。そのようすを見たムーミンは、ハヤレーノの神が語った言葉を思い出す。「こんどはムーミン谷の平和をかき乱してやろうと思っとる」。ハヤレーノはこう言った。「やっぱり、ぼくは夢を見てたんじゃない！」いまや流行の秘密が分かっているのはムーミンだけである。なんとか止めさせなければ、とりかえしのつかないことになる。しかし、自分を信じてくれる人はもういない。ムーミンはどうすればよいのか分からなくなり、スナフキンに頼ることにした。

遅れてやって来た流行

　もともと流行に動かされていなかったスナフキンは、おさびし山で自分もまたハヤレーノの神を見たと語る。それで自信をとりもどしたムーミンは、スナフキンと共に、大人たちが射撃に熱中する場所へ、急いでかけつけるのであった。そしてかれは、もう一度だけ、流行の出どころを確認してもらいたいと心からうったえる。しかし、耳をかそうとする者はなかった。しばらくすると、そこにオシャマさんが大きな花をもってやってくる。そしてオシャマさんは、花占いのおもしろさをうったえる。それを見ていたミイは「あーんたって流行おくれねェ」と叫ぶ。が、それはつい数日前まで、自分自身がしていたことでもあった。

　オシャマさんはその場で、突然ハヤレーノの神について語り始め、花びらを一枚ずつちぎりながら「いる、いない、いる、いない、……いる。何度やってもいることになるの」と言う。それを見ていたミイは、つい数日前まで同じことを自分自身が

205

第VII章　流行と信頼

していたことに気づく。そして、このことに気づいたのは、ミイだけではなかった。ノンノンをはじめとして、他の友人たちもまた、自分たちが変なことをしているのではないかと、あらためて考えようとしたのである。今はともかく、後になって振り返ると、おそらくはとてつもなく変なことをしているのかもしれない。友人たちはこのとき、自分たちのしていることに比べれば、ムーミンの言っていることは、それほど変ではないように思えたのである。

澄んだ瞳はなぜか怖い

　ハヤレーノの神は、あいかわらず小高い岩山の上から、ムーミンたちのようすを見て楽しんでいた。ムーミンとスナフキンには、そんなハヤレーノの姿がはっきりと見えている。しかし今までとはちがって、ミイの疑問をきっかけに、ようやくムーミンを信じようとし始めた友人たちがそこにいた。そして、ムーミンを信じようとするノンノンやミイは、かれの言うとおりに、小高い岩山の上をじっと見つめることになる。すると、そこに奇妙ないでたちの老人が立っているように思えた。しかもその姿は、まもなく、はっきりと見えてきたのである。やがて、そこに居合わせた誰の目にも、ハヤレーノの姿が見えるようになる。そして、それまでばらばらであった人々の眼差しが、すべてハヤレーノに集中する。だれもが一致して、同じハヤレーノを見つめ始めたのである。

　ハヤレーノの側からすると、今までは他人から見られることなく、自分だけが特権的に他の人たちを見ていた。ところが、今度は自分に多くの眼差しがむけられている。一転してかれは、見つめられる側に立たされていたのである。小高い岩山の上は、

人々を監視するのにつごうがよい。しかし、ひとたび自分が監視していることに気づかれてしまうと、そこは人々の視線にたいしてもっとも無防備な場所となる。これはハヤレーノの神にとって、いたたまれないことであったようだ。かれは情けない声でこう述べる。「たッ、たすけて！　見つめないで！　わしは澄んだ瞳に見つめられるのが苦手なんじゃョ」。これはもうたまらないということで、ハヤレーノは「ごめんなさい、ごめんなさい、いたずらの数々、謹んで謝ります、ではまた会う日まで」と告げると、煙のように消えてなくなる。「死んだのかしら？」ノンノンがこう言うと、スナフキンは「神は死にません」と語った。「じゃ、また出てくるの？」ムーミンはこうたずねる。すると、スナフキンは「そう、平和に退屈している村を探してね」とこたえ、去っていくのであった。

第3節　信じることの役割

さて、以上のストーリーは、何を語り示しているのだろうか。流行の真相が描き出されている点は、まずまちがいない。しかも、流行の出どころがハヤレーノの神へと擬人化されているのは、メルヘンによくある手法として理解される。しかし、それでよいのだろうか。たしかにこの路線で解釈すれば、流行というものは、花占いがその典型であるように、未来のことをすべて運命にゆだねる悪い傾向の現れである、といった教訓として理解されるだろう。また、あいさつ代わりにアカンベーをする流行というと、他の人への無関心とか、人間関係を断ち切る悪い習慣などが示されているように思える。さらに、だれもが逆立ちをするようになるのは、まっとうな考え方やものの見方が

第VII章　流行と信頼

できなくなることを象徴している、という解釈になるかもしれない。しかし、このメルヘンは本当に、流行に左右されることの弊害を教訓として描いているのだろうか。

新しくない流行？

　このストーリーには、どうしても不自然に思える点がある。ひょっとすると、それはむしろ、本書の解釈法がひねくれているために、不自然に思えるだけなのかもしれない。しかし、ともかくも疑問点をいくつか確認しておきたい。

　通常、流行というと、それまでにはなかった新しいものごとが、人々のあいだに広まるのではなかろうか。新しいものごとは、ある程度まで普及してしまうと、もう新しくはなくなる。それはかえって古くなる。だからこそ、流行はいずれ消えていくのではなかろうか。ところが、どうであろう。ムーミンのこのストーリーに登場する流行は、初めから、どれもまったく新しくない。それは花占いであり、アカンベーであり、逆立ちであり、また射撃であった。このように、いずれも新しいどころか、むしろ古臭いものである。そうだとすると、扱われていた流行は、もともと新しいものではないため、本当は消えていきようのないものであったということになる。これはハヤレーノの神が最後に「ではまた会う日まで」と告げた言葉に関係していそうである。

　不自然な点は、まだほかにもある。通常は、何であれ、自分の目で見たものごとを、見たまま文句なしに信じるのではなかろうか。にもかかわらず、ムーミンの仲間たちは、見たことによって信じたのではない。逆にムーミンを信じたことで、はじめて、流行の出どころが見えるようになったのである。これは

208

第3節　信じることの役割

常識の逆ではなかろうか。そして疑問はさらにつづく。ハヤレーノの神は、流行に惑わされる者たちには見えなかった。この神は流行に背を向ける者、あるいは流行についていけない者にだけ見える。この設定どおりであれば、ムーミンを信じたことで、もはや流行に惑わされなくなったムーミン谷の住人たちには、ハヤレーノの神がずっと見えつづけなければならない。ふたたび流行に惑わされるまで、かれらにハヤレーノの神が見えるのでなければ、設定は裏切られていることになるのではないか。ところが、この神はムーミンを信じた誰からも見えるようになっただけではない。その直後に、ムーミンやスナフキンからさえも、まったく見えなくなって終わった。つまり、ハヤレーノの神は「では、また会う日まで」と告げて、誰の目からも消えてなくなったのである。

生活世界の逆転

　たしかに、ここであげた疑問点は、ひねくれた理解の仕方に由来する言い掛かりだといわれれば、実際そのようにも思える。メルヘンというものは、もともと論理で組み立てられているわけではない、ということかもしれない。しかし、不自然なところには、一貫した性格が認められる。どのような性格かというと、ものごとの成り立ちが通常と比べて、逆転しているという一貫した性格である。この話では、新しいものごとではなく、古いものが流行するのであった。このため、古くなるという意味では消えようのないものごとが、つぎつぎに現れてはすぐに去ったことになる。奇妙なことに、もともと消えようのないものが、新たに現れ、まもなく消えてゆく。そうした不思議な展開になっていたのである。おそらく、それらは消えてなくなっ

209

第VII章　流行と信頼

たのではなく、見えにくいところに落ち着いたのであろう。そして、さらに考えてみると、逆立ちの流行はもとより、花占い、アカンベー、不安に駆られた自己防衛といった流行のうちには、普段の生活を逆転するような一つの性格がひそんでいる。

　花占いにかぎらず、将来の予測に一喜一憂しながら生活するというのは、わたしたちにとってごく普通のことである。しかし、将来を占うということは、それでもやはり生活世界のほんの一部分である。もしも占いに生活のすべてをかけるのであれば、それは逆転なのではなかろうか。しかも占いに熱中するそのときでさえ、占いで関心がむけられていること以外は、これからも今までどおりであって、予想を超えた何かがすべてをくつがえしてしまうことなどありはしないと、どこか暗黙のうちにも信じているのが常である。占いはこのように、ありきたりの生活によって、あくまでもその一部として支えられている。にもかかわらず、占いというものは、あたかも今後のすべてがそれにかかっているかのように、人々の心をとりこにする。ミイやスニフをはじめ、住人たちの多くは、実情を心の中だけで逆さまにしたような、その点で宙に浮いた生活を送るようになった。ムーミン谷の流行は、この逆転に始まっていたのである。そして二つめの流行に、アカンベーがあげられていた。

本音は本当に本音なのか？

　普段、人々が互いにあいさつを交わすのは、たんなる「なれあい」のようにも思える。それが心のこもったふれあいになってはいないことも多い。たとえば「こんにちは！」と、あいさつを自然に交わしながらも、互いの今日を思い合うことなどはまれであり、また心配とは無縁に「お元気ですか？」と問いか

第3節　信じることの役割

けている。考え方によっては、相手を思いやるというより、他人との関わりをかたちだけですませようとしているところが、あいさつにはたしかにある。実のところ、それはアカンベーと変わらないどころか、アカンベーのほうがむしろその本音になっている、といえるかもしれない。それでも、あいさつが本当にアカンベーでしかないのは、普段の生活で、ごくかぎられた場合だけではなかろうか。たいていは、考えてみると複雑で微妙な対人関係が、かたちだけですむことに救われながら、またそれでさしさわりがないと信じることで、わたしたちは不安なく生活を送っている。これが実情ではなかろうか。

　理屈いぜんに、ともかくも型どおりであることは安心感の支えとなり、日々の平穏な生活をうるおしている。本音のことや理屈っぽいことを、わたしたちがときおり考える余裕まで与えているのは、かえってそうした型どおりの平穏な日々にほかならない。ようするに、本音や理屈は型どおりの生活の、たかだか副産物であり、そのような生活の余裕が与えてくれる恩恵なのである。にもかかわらず、型どおりのあいさつは理屈に合わない儀礼にすぎず、その背後では本音が渦をまいているだけではないか、と心に映ってしまうことがある。これもまた、わたしたちにとって、正直なところだともいえる。しかし、実情としてはやはり、そのように思うときでさえ、たいていのことが型どおりにすむであろうと、どこか信じているのである。何もかも本音でいくには、とてつもない労力が必要であろうし、おそらくそれは神業であろう。ようするに、すべてが本音の対人関係などというものは、単なる思い込みの幻想にすぎないのである。このことからすると、アカンベーの流行は、平穏な生活があってこその思い込み（本音）によって、逆に日常生活すべ

てを支えようとする、これもまた宙に浮いた姿勢であり、一種の逆転だともいえる。

　射撃の練習も以上と同じように、ときおりの不安から、自分を護ろうとする自然な姿勢がとめどもなく拡大した、かなり極端なかたちをとったものではなかろうか。たしかに日々の生活で、どこか不安を感じ、疑いがふくらむとか、思わず護りの姿勢に一面化してしまうというのは、ごくありきたりなことである。しかしながら、あいさつがそうであるように、不安や自己防衛の姿勢もまた、多くの場合、平穏な生活あってこその副産物にほかならない。この点で、射撃の流行は平穏な生活のごく一部分でしかない不安と自己防衛によって、生活世界の全体を保とうとする逆転だといえそうである。

何かに対する逆転という実情

　ムーミン谷の大事件は、さまざまな逆転に彩られていた。この理解にしたがうと、流行についていけず、また逆立ちもできなかったムーミンによって、住人たちの目が覚まされたということになりそうである。しかし、ストーリーの展開はそうなっていただろうか。ミイに疑問をもたせたのは、ムーミンではなく、花占いをもちだしたオシャマさんであった。このように、ストーリーの展開は、それほど単純ではなかったのである。さらに、村に遺されていた昔の記録によれば、流行に背を向けつづける者は最大の被害者になる。そうだとすると、もしもオシャマさんが現れなければ、ムーミンは大変なことになっていたかもしれないのである。たったいま猛威をふるう自滅的な流行は、オシャマさんがもちだした古い流行によって、つまり花びら占いという、射撃とは別の流行によって、その威力を失い始

第3節 信じることの役割

めるのであった。ムーミンを信じようとした住人たちの目に、ハヤレーノの神が見えるようになったのは、人々をつき動かす流行の力がしずまるためのきっかけではなく、むしろその結果として描かれていたのである。

流行の猛威はたしかに、信じて見るという根本的な逆転によって、最後にしずめられた。しかし住人たちは、花占いという、すでに過ぎ去った一つの逆転がむしかえされたことを「きっかけ」に、ムーミンが言うことを信じて見るようになったのである。かれらはそれをきっかけにして、はじめて、信じて見るという根本的な逆転に「むかい始めた」のである。こうして住人たちは、ムーミンという大切な仲間を信じ、それによってとりもどした信頼の眼差しを、かれの指さす岩山の上にむける。自分の目で見たから信じるというのではなく、逆に信じているために、はじめから信頼に支えられている澄んだ眼差しを、そこへむけたのである。見えたから信じるのではなく、信じるからこそ、澄んだ瞳で信じるままに見ようとする。この逆転は、まさに流行すべてのもとにあって、人間関係全般を支えている、生活世界の根本的な「かたち」なのであろう。それぞれの流行のうちにひそんでいた逆転の性格は、流行の出どころがもつこの信頼に満ちた「かたち」を、実はほんの一部分だけ分かちもっていたのである。多くのことを信じていながら、思い込みのほうは疑いに満ちているといった性格が、ムーミン谷に広まったどの流行にも共通していたといえる。

流行の「かたち」

信頼というと、どこか道徳的な響きを伴う。これはたしかである。しかしながら、ここであげた信頼とは、人と人が共に生

213

第VII章　流行と信頼

きるようになって以来、おそらくはもっとも基本的な逆転の
「かたち」であり、人と人が自分たちの生存にむけて互いをつ
なごうとする、生きるためには不可欠な通路にほかならない。
しかも、その「かたち」は、遠い昔に現れたとはいえ、今でも
消えてはいない。それは平穏な生活のもっとも深いところにあ
って、さまざまな流行が、たとえどれほど人間関係に部分的な
逆転をもたらそうとも、人と人のあいだをつなぐ通路となって
いたのである。とはいえ、この大切な通路は、あまりにも深い
ところにあるため、容易には見えなくなっていた。オシャマさ
んの花びら占いをきっかけに、住人たちの眼差しはようやく、
この見えにくい深部へとむけられることになったのである。

　流行の猛威は、流行とは別のものによって、止められはしな
かった。しかもそれは、もっとも古く、もっとも深いところで、
普段は気にならなくなっていた逆転にそのまましたがうことよ
って、ようやくしずめられている。ムーミン谷の住人たちは最
後に、いつも人と人のあいだをつないでいながら、平穏な生活
の陰で見えなくなっていた究極の通路に、澄んだ眼差しを真っ
すぐにむけた。このとき、流行の猛威は、かれらのもとから一
瞬にして去ったのである。

　　見えるものは見えないものに支えられ
　　いつも見えない威力をなだめている
　　しかし人々の関心が
　　見えやすいものにだけむけられるとき
　　見えていたものはつぎつぎと犠牲になり
　　人々の関心から過ぎ去っていく

第3節　信じることの役割

　見て信じるのではなく、信じて見る。そのような眼差しは、眼差しをむけられる者にとって、いたたまれないほどの力をもつものである。信頼の澄んだ瞳で見つめられるのが苦手なのは、ハヤレーノの神に特別なことではない。誰にとっても苦手なことではなかろうか。わたしたちは通常、そのように見つめることにさえ、気恥ずかしさを感じてしまう。信頼の澄んだ眼差しをむけることは、どこかはばかられるのである。このため、やがて互いの信頼を前提とするようになり、その信頼を暗黙の見えない背景としつつ、見つめつづけることはやめている。ムーミン谷を騒がせた流行は、人と人の関わりにさまざまな「かたち」を与えながら、いずれも過ぎ去っていった。しかし、もっとも深いところで人と人をむすびつけていながら、暗黙の背景とされ、人々の関心がむけられなくなっていた、流行すべての出どころが最後に見える。それは現に信頼を前提に生活しているという、住人たち自身の、そして理屈からすると奇妙に思えるとはいえ、やはり正直な姿にほかならなかった。かれらはこうして、自分たちを互いにつないでいる最深部の通路を、はっきりと見たのである。

　ハヤレーノの神は、直視すると気恥ずかしいほど正直な、いわば住人たち自身の反映であったのだろう。だからこそ、ひとたび誰もがそれを見とどけてしまうと、まもなくそれは誰にも見えなくなったのではなかろうか。互いの信頼は、住人たちの目にはっきりと見えたことで、再び暗黙の見えない背景へともどっていったのである。平穏な生活はこのように、理屈からすると究極の逆転によって、かろうじて成り立っている。それは説明しようとすると、かえって非常識なものとなってしまうような、人々の信頼の真相なのであろう。理解した後に生きるの

ではなく、人はさまざまなことをすでに信じて生活し、そのうえでものごとを考えている。たとえどのような流行が到来しようとも、この点だけは変わらない。ただ、人と人のあいだをつなぐ通路が、その「かたち」を変えるだけである。その一方で、通路そのものは、理屈を超えた信頼によって、かろうじて保たれている。信じる者は救われる。これはおそらく、いずれ救われるということではなく、信じる現時点において、わたしたちがすでに救われているという、理屈を遥かに超えた真相を語り示しているのである。

ラディカルな直接民主制の自然学

　ここで古代ギリシアの話にもどると、相対主義の危機的な風潮は、アテネ民主制のもとで克服されている。現存する史料のなかには、その時代をリードした一人の自然学者が築こうとした、優れた学説の断片が遺されている。その人物はアナクサゴラス（通説では前500頃─428年）であり、ペルシア帝国の支配に下ったイオニアの都市クラゾメナイからアテネに移住し、当時の天才的な政治家ペリクレス（前495頃─425年）のブレーンとなる、民主派前衛の実力者であった。

　アナクサゴラスはイオニア伝統の自然学を継承しつつ、しかもエレア学派からの攻撃を克服した、しばしば「非生成論」と特徴づけられる学説を展開している。かれが展開した学説は、しばしば「モイラ自然学」とも呼ばれるが、この「モイラ」という語は「粒子」と訳されることが多い。そして、この学説では、あらゆる事物が多様な粒子の結合体として考えられ、複雑な自然現象が、生成することも消滅することもない粒子結合体の離合集散として説明される、と解釈されてきた。しかし「モ

第3節　信じることの役割

イラ」の優勢な意味は「持ち分」である。この点からすると、アナクサゴラスの学説は、さまざまな持ち分の結合体として、諸事物や生き物たち、さらには人間諸個人を理解するといったモデルで組み立てられていることが分かる。持ち分ということであるから、諸事物であれ、生き物たちであれ、また人間諸個人であれ、そもそもすべては多様な仕方で相互に関係している。そして、さまざまな持ち分の諸個人が競い合いながら、互いに英知（ヌース）を結集する直接民主制をモデルに、宇宙の創成をはじめ、銀河の形成、自転する大地の形成など、森羅万象を再構成する試みに、アナクサゴラスは挑戦していたのである。

　おそらく、かれはいかなる理論も相対的でしかないということを承知のうえで、それでも今ここにある唯一の生活世界に立ちむかい、アテネ市民にとっては文字どおり生活の実感であった政治生活を基盤として選びとっている。そうすることで、かれはまさにその基盤から世界全体の謎を解き明かすほどの自然学説が生まれ得ることを、身をもって示そうとしていたのである。紙幅の都合から、これ以上の詳論はできない。が、けっして絶対的ではないながらも、否むしろ絶対的な基盤など人間には望み得ないからこそ、アナクサゴラスは人と人をむすびつけるうえで、当時における最善の「かたち」として、同時にまた生活世界のもとで共有される学問の基盤として、民主的な政治生活を選びとっていたことになる。それはウィトゲンシュタインが考えたように、説明されるようなものではなく、まさに生きられるほかない生活世界の基盤であったといえるのではなかろうか。

第VIII章

運命と行為
赤い月の呪い

第1節　常識の転回と哲学

　第Ⅰ章で解説したように、カントという哲学者は、歴史のなかに認められる革命的な着想を大きくクローズアップした。そして、かれはこの革命的な着想の潮流に哲学を乗せることで、哲学そのものに確かな学問としての基礎を与えようとしたのである。カントはまた、タレス（第Ⅰ章の第1節を参照）につづいてこの流れを担った歴史上のビッグネームを列記している。そして、かれらの功績をもとに、カントは哲学の革命を唱えているのである。しかし、かれは列記したなかでも、天動説から地動説への転換を図ったコペルニクスの「革命的な思考様式」に、手本としての格別な位置を与えている。

カントの着眼点

　カントの理解したコペルニクス的転回は、その解釈が今日でもまだ定まっていないほど、非常に難しい問題を伴っている。こうした事情から、その詳細については専門書の解釈にゆずることにして、入門書のレベルでも理解できそうな転回の一面に話題をかぎることにしたい。そしてそのかぎりで、哲学の革命にむけたカントの着眼点を、できるだけ具体的にイメージ化してみよう。

第1節　常識の転回と哲学

　さて、科学による説明をひとまず棚上げにして考えると、太陽が東から昇るということは、わたしたちの生活実感からして真実である。また、大地が猛スピードで自転しつつ太陽の周りを運動しているということは、たとえ科学がそのように説明しようとも、わたしたちは現にまったく実感していない。日常生活は当然のことながら、この大地が不動であることを暗黙の大前提として営まれている。今まで実際にそうであったし、これからもこの大前提が危うくなるとは、やはり考えられていない。「太陽は東から昇る」。まさにこれは経験的な事実であり、それ以上の理屈を必要としない、誰もが現にうけいれている生活世界の大前提である。いかに信頼のおける科学であろうとも、この大前提を経験的な事実として認めないのであれば、わたしたちは科学の信頼性のほうを疑いたくなって当然である。ところが、コペルニクスは地動説を唱えることにより、まさしく「太陽は東から昇るのでない」と主張した。そしてこの主張は、いうまでもなく、コペルニクスの革命的な思考様式を背景としている。では、かれの提唱したことの、いったいどこに画期性があるのだろうか。

太陽は東から昇らない？

　すでに紹介したタレスと同様に、コペルニクスは「太陽は東から昇る」という経験的な事実を、単純な意味で切り捨てたのではない。それどころか、この事実が将来にわたって信頼されてよいという裏付けを、天文学上の理論的な事実として提供していた。そして、この点に関しては、小熊座をめぐるタレスの「見立て」と完全に符合する。コペルニクスによって、外見上は全面対立する「太陽は東から昇る」と「太陽は東から昇るの

でない」は、それぞれ経験的な事実と理論的な事実へと領域配分された。そして、この配分により、双方の主張は互いに他方を補完するようになる。かれはこのような道筋をつけていたのである。

オッカムの剃刀（第IV章の第1節を参照）で表現すれば、コペルニクスの地動説は、わたしたちの経験的な事実である「太陽は東から昇る」を切った。ここで切り落とされたのは、将来も変わらないという断定や、大地のうえに固定された視点を絶対化する姿勢などであり、この切り落としによって、経験的な事実をさまざまな角度から理解する膨大な可能性が確保されたのである。と同時にまた、経験的な事実としては認めるほかない「太陽は東から昇る」は、切られたとはいえ無傷のまま残されている。無傷のまま残されているからこそ、理論は事実を裏付け、逆にまた、事実は理論の正しさを一つの具体例で教えてくれるのである。

コペルニクスの画期的な思考様式は、後にケプラーやニュートンによって継承され、厳密に成り立つ数学的な宇宙像をもたらすことになる。もしもコペルニクスがかつて、わたしたちの生活実感に反してまで、以上のような切断を行わなかったならば、ケプラーやニュートンの成功は望めなかったであろう。カントは、まさにこのように、コペルニクスの革命的な着眼を評価している。ケプラーの法則や、ニュートンの力学法則によって、わたしたちにはまだ知られていない惑星が存在するとすれば、それがどのような軌道をとり、地上から観測するとどのように運行するか、ということまで予測できる。つまり、実際に観測して個々の事実を確認するまでもなく、わたしたちは厳密に成り立つ知識を経験世界のうちに拡大していけるのである。

第1節　常識の転回と哲学

これと同様に、哲学もまた単なる事実認識の蓄積や空理空論から脱却して、しかも厳密さを維持しながらその認識を拡張できる。カントはこのように期待して、哲学の歴史にコペルニクス的な変革をもたらそうとしたのである。

近代の思想が回帰する巨大な湖

およそ以上が、デカルト哲学の系譜にもイギリス経験論と呼ばれる哲学の系譜にも見られない、カントの独自性であったといえる。そして本書では、この独自性こそが近代哲学の核心にほかならないと、あえて性格づけておきたい。しばしばカントの哲学は、かれ以前の諸思想がそこに合流し、かれ以後の諸思想がそこから流れ出した、いわば哲学史上の巨大な湖のように形容される。しかし、さらに考えると、かれの着目したコペルニクス的転回は、この湖から流れ出したすべての近代思想が水蒸気から雲へ、そして降雨をつうじて再び帰っていく湖であることも分かる。それほどコペルニクス的転回は、哲学にとっても、科学の発展にとっても、さらには近代という時代そのものにとっても、他に例がないほど決定的なものであった。そして、本書が採用するムーミン解釈の方法もまた、コペルニクスによって打ち出され、カントによって革命的と評価されて洗練された思考様式に、実はならっているのである。その方法は、いわば、常識の「転回」である。

しかし、常識の「転回」と表現すると、あたかも非常識な解釈が与えられるかのような印象になる。これは「転回」という表現がもつニュアンスの宿命かもしれない。とはいっても、前章までのムーミン解釈が非常識なものでしかないかというと、少なくとも著者の考えるところでは、常識を無視する解釈も、

第Ⅷ章　運命と行為

また常識に逆らった解釈も与えていないつもりである。本書で試みた解釈は、むしろ、常識にしたがった理解を徹底し、まさにそうすることで、ムーミン作品の背景に留まったまま通常は見えない、もう一つの像を浮かび上がらせる努力をその基調としている。採用されているのは、タレスからコペルニクスへ、そしてカントへと流れ込んだ思考法であり、一言で表現すれば「常識を切断しつつも無傷のまま残す」方法にほかならない。とはいえ、ここでは話が抽象的にならないように、一つの具体例をあげて解説しておくことにしよう。

おちゃめな犬

　次にあげるのは「おちゃめな犬」と題された絵である。このような題名も手伝って、普通は子犬の顔に見える。かわいらしい子犬だと思うかどうか、それは見る人の好みにもよるだろう。それはともかく、この絵を見ると、描かれた子犬は少し上目がちで、人間でいうと前髪が横にたなびいているような、どこかあどけない表情をしていて、大きな耳が顔の両側に垂れている。どのような種類の犬なのだろうか。わたしたちは、たとえばそんなふうに疑問をもつかもしれない。しかし、その種の疑問を

第1節　常識の転回と哲学

もったとしても、そのときにこれが犬であるということは、もう疑われなくなっている。たとえ子犬ではないかもしれない、と思えたとしても、子犬というより大人の犬であるとか、犬によく似た別種の動物ではないのか、といった程度の疑問が浮かぶにとどまる。

　ところが、別の見方からすると、この絵はまったく異なったものになる。子犬の前髪に見えた二本の曲線は、何か得体の知れないもので、それを見て驚いているような人物の後ろ姿が画面下のほうにある。この人物は両腕をあげてその驚きを表している。また、画面の左側には、恐れて逃げ出そうとする人物の姿が見える。右側には、上方の奇妙な二曲線を、おそるおそる覗き込む人物の姿がある。ところが、このように子犬の顔とはまったく違った一場面が見えると、同じこの絵から、さきほどまで見えていた子犬の顔は消え去っている。そこには、奇妙な二本の曲線と、それに驚く三人の人物が現れ、そのように見えているかぎり、子犬の顔は見えなくなっている。そして再び子犬の顔が見えると、子犬の顔が見えているあいだは、他には何も見えない。驚く三人の人物は消え去っているのである。

　しかし、一度この絵が子犬の顔ではなく、三人の人物が驚くようすに見えた後は、いろいろと細かい点が気になってくる。たとえば、なるほどこの辺りが人物の腕になっているとか、お

第Ⅷ章　運命と行為

そるおそる覗き込んでいる右側の人物は、ぽかあんと口を開いているとか、左側の人物が右側の人物に警告を発しながら逃げようとしているなど、わたしたちは子犬の顔とは無関係にこの絵を詳しく眺め、想像力を働かせながら絵の意味を考えてみるのである。こうして、ただそれを子犬の顔と見て終わったときとはちがって、わたしたちは創造性を発揮し始め、構図全体に新鮮な眼差しをむけるようになる。それと同時に、子犬の顔とは無関係に発揮された創造性は、子犬の顔をも細部に至るまでたどりなおしているのである。絵に眼差しをむける者に、どこかそんないたずらをして、一緒に遊んでもらおうとしているような、本当におちゃめな犬がそこにいたのである。

ものごとの理解とその反転

　ものごとが分かるというのは、とても重要なことである。しかし、分かるということには、ある落とし穴が潜んでいる。たとえば、生まれて初めて見たものを、これは腕輪だと分かる場合、わたしたちはそれが腕輪とは異なる何かである可能性を、実にごっそりと捨て去っている。ある人にとっては、同じそのものが耳飾りなのかもしれないし、別のある人にとっては円を描く道具なのかもしれない。また、ひょっとすると、それはどこかに祭られていた神聖な遺物なのかもしれないのである。このように、何かが分かるとき、分かると同時に多くの可能性が気づかれないうちに捨て去られている。「太陽は東から昇る」と断定することで、それを地球の自転運動が反映したものとして見る可能性が、ごっそりと捨て去られてしまうのも、これと同様のことである。

　ムーミンのシリーズには、ちょうど「おちゃめな犬」と同じ

226

ように、パッと分かった気になって終わりがちなわたしたちの興味関心を、分かった内容とはまったく別の内容にみずから変貌しながら誘っているような、ちゃめっ気たっぷりのストーリーがたくさんある。実際、このようなちゃめっ気は、前章までに紹介したいずれの作品にも認められる一種独特の性格であった。そこで最後に、ストーリーの反転性格を典型的に示す、一つの作品を紹介することにしたい。というのも、反転という性格は、本書のもっとも大きなテーマになっているだけではなく、カントが唱えた「コペルニクスの革命的な思考様式」の核心をなしているからである。

第2節 共に生きる困難さ

　ここで紹介するのは「赤い月の呪い」と題された作品である。それは月が赤く輝く皆既月蝕の夜をめぐって、ムーミン谷が大騒動になるといった、シリーズにはおきまりのパターンになっている。

月蝕は怖い？
　ストーリーのはじめに、ムーミンパパは語る。「今夜、ムーミン谷は50年ぶりの月蝕をむかえる。美しく輝きを放つ月が、しだいに欠けてゆき、わたくしたちは、黒一色の闇にたたずむのである」。
　スノークが天体望遠鏡をもちだして、屋敷のバルコニーから月を観測している。かれは予測されている皆既月蝕を確認しようとしていた。しばらくすると、予測されていたとおり、月は少しずつ欠け始める。するとスノークは、どこか恐れたようす

で、すぐに天体望遠鏡の三脚をたたみ、バルコニーから離れる。そのようすを見て、ノンノンがたずねる。「ねえ、お兄さま、どうして月蝕をそんなに怖がるの？　月蝕って地球の影でお月さまが隠れることなんでしょ？」するとスノークは、なにも月蝕を怖がっているのではないと言う。しかし、部屋に入ったスノークは、窓を厳重に閉ざしただけではなく、すべてのカーテンを閉め切って、ようやく一安心するのであった。ムーミンの家でも同じように、ムーミンパパが、月を眺めていたムーミンを部屋にもどし、窓という窓をすべて閉め切っている。

吸血コウモリの伝承

　画面はムーミン谷の全景を映し出し、月がしだいに欠けていくとともに、あちこちに見えていた家々の明かりが一つひとつ消えていく。ムーミンはなぜそんなふうに大人たちが恐れているのか知らなかった。疑問をもつムーミンに、ムーミンパパが話し始める。「ムーミン谷にはね、古くから、ある言い伝えがあるんだ。月蝕の夜にコウモリが飛んで来たら、そいつは吸血鬼なんだ」。スノークもまた、ノンノンに説明していた。「そのコウモリに噛まれた人は、たちどころに、たちどころにだよ、ノンノン！　吸血鬼になってしまうのだよ」。そして、真に迫ったスノークの話に、ノンノンは悲鳴をあげる。一方、ムーミンパパも説明をつづけていた。「だから窓を閉め、ひたすらコウモリが現れないことを祈る」。ムーミンは不思議がる。「でも本当なの、吸血鬼になるって？」パパはこたえる。「ムーミン、世の中には、理屈でわりきれるものと、そうでないものがある。だから、それが科学的でないとしても、全部うそだとはいいきれないんだなァ」。ムーミンママも心配そうに窓を閉めながら

「とにかく、コウモリが現れないことを祈りましょう」と呟くのであった。

　月はしだいに欠けていく。そのころ、スノークの家でも、兄と妹の会話がすすんでいた。「なんたる、たるか？　よりによって、王立学習院の学位を三つももっているこのスノークが、そんな言い伝えを信じて、たまるもんですにが！」しかし、それでもスノークは不安そうである。このため、ノンノンはさらに問いつめる。「じゃあ、なぜ窓を閉めたりするの？」スノークは気まずそうに言う。「つまり、それはその、みなさんのお付き合いでしょうが」。

迷信と不安のあいだで

　月はしだいに大きく欠け、ついに完全に欠けると、不気味なほど真っ赤になる。そして、ムーミン谷もまた、真っ赤に染まっていった。するとそのとき、ひときわ大きく見える真っ赤な月を背景に、無数のコウモリたちが本当にやって来る。村一帯がコウモリたちに占領されるかのようであった。コウモリたちは、閉ざされた家々の窓や扉に、つぎからつぎへと衝突してくる。閉ざされた家の中からも、そのようすが肌身に染みるほど、まざまざと感じられた。スノークは恐怖にふるえている。ノンノンもその恐ろしさには堪えられないほどであった。ムーミン家でもまた、パパやママだけでなく、迷信ではないかと疑ったムーミンまでが、本当にコウモリたちの大群がやって来たことで恐れおののく。まるで生きた心地がしないほどであった。しかし、やがて真っ赤になっていた月がもとの明るさをとりもどし始めると、無数のコウモリたちはその月にむかって去っていく。こうして、赤い月の呪われた一夜は、どうにか無事に終わ

第VIII章　運命と行為

るのであった。

　翌朝のこと、村の集会場には、多くの住人たちが集まっている。そしてヘムル署長が提案する。昨夜のコウモリたちが一匹でもムーミン谷に残っていはしないか、全員の協力で調べておこう。署長はこのように提案したのである。言い伝えどおり、昨夜のコウモリが吸血鬼であって、それが今でも村にとどまっているようなことがあれば、これからも安心して生活できない。それで村中を調べておこうということである。こうして、住人たちは嚙まれても大丈夫なように、分厚い布で全身をおおう重装備になって、コウモリ探しに乗り出していく。そしてしばらくすると、スノークが衝撃的なニュースを持ち帰る。

スナフキンと小さな命

　スノークは村人たちの前で報告する。「大変ですぞ、ゆーなれば大事件ですぞ！　みなさん。コウモリを飼っているフラチモノを発見しましたですぞ！」ヘムル署長が問う。「なッなんじゃと、そのフラチモノとは、いったい誰なんじゃ？」スノークは全身をおおっていた分厚い布をはずしながらこたえる。「もー口にするのもハズカシイ、スナフキンです」。誰もが驚いた。ムーミンにはとても信じられないことであった。署長はすぐにでも事実を確認のうえ、本当であれば、スナフキンといえども厳しく処罰しなければならないという。それでムーミンは、あわててスナフキンのところへむかった。

　スノークの言ったとおり、スナフキンはコウモリの子供をかくまっている。そのコウモリは傷ついて飛べなくなっているらしい。スナフキンはそのコウモリの子を小さなバスケットの中に眠らせていた。そしてかれはムーミンに語る。「やあ、ムー

ミン。ああ、これかい、これはコウモリの子供だ。かわいいだろう、ムーミン？」しかし、ムーミンとしては、それどころではなかった。かれは叫ぶ。「スナフキン、逃げて！　すぐここから逃げてよ！　はやくしないと逮捕されちゃうよ！」これにたいし、スナフキンは平然として言う。「逮捕？　ぼくは何も悪いことはしてないよ」。

　するとそこへ、スノークとヘムル署長らがやって来る。スナフキンはかれらに言った。「やあ、みなさん、おそろいで」。このように平然としているスナフキンに、ヘムル署長は厳しく告げる。「ふざけちゃいかん！　そのコウモリをすぐに手放すんじゃ。そうすれば、わしゃ何も言わん」。するとスナフキンはこたえる。「もちろん、わたしもそうしたい。でも、こいつは怪我をしてるんだ。怪我が完全に治ったら、放してやりますよ」。ヘムレンさんがスナフキンに言う。「そうか、きみはれいの言い伝えを知らなかったんじゃな」。しかし、スナフキンは「もちろん知っていましたとも……そんな迷信を、わたしはとっても信じる気になりません。どうぞ、お引きとりください」とこたえながら、テントの中へ閉じこもってしまう。署長は困り、最後に告げる。「いいな、スナフキン。明日、一日だけ猶予する。警察の仕事は、いたずらに罪人をつくるだけじゃないからな、きみがもっともよいと思う方法をとってくれたまえ」。署長はこう言い残し、住人たちと共に、スナフキンの住むテントから去っていった。

村のしきたりを守ること

　ムーミンは困り果てる。このままではスナフキンが逮捕されてしまう。ムーミンパパもまた、どうしたものかと悩んでいた。

第Ⅷ章　運命と行為

するとそこへ、スノークが訪ねて来る。かれはスナフキンをムーミン谷から追放する署名を集めていたのである。ムーミンはこれに絶望する。もうかなりの署名が集まっているらしい。パパはどうするのだろうか。ムーミンが悲しそうにしていると、ムーミンパパはスノークに、言い伝えを信じるのかと問いただす。しかし、スノークは反論する。「信じたくはないが、しかしですな、先祖がわれわれに危ない目にあわないようにと伝えてくれたものです。まッ、ゆーなればしきたりですな。そのしきたりを守らない者に、ムーミン谷に住む資格が、あろうでしょうか!?」スノークはこのように頑なである。それでもムーミンパパは切り返す。「まさに、きみの意見は、ある部分正しいかもしれん。しかしねェ、スノーク君、わたしはそれに署名する前に、少し調べてみたいんだ、その真偽のほどをねェ、もし言い伝えが本当でなかったら、わたしは罪のない人を罪人にしてしまうことになるからねえ」。これを聞いてムーミンはひとまずほっとする。そしてスノークが去ると、ムーミンパパはさっそく書斎に閉じこもり、古い記録を丹念に調べるのであった。

　しかし、ミイもスニフも、またヘムレンさんたちも、すでにスノークに説得されて署名してしまったという。スナフキンは悪いことをしているのだから、しかたがないとか、署名して気分がすっきりしたというのが、かれらの意見であった。ムーミンパパの調査もむなしく過ぎていく。「スナフキンのコウモリが吸血鬼じゃないってことが、はっきりすればいいんだ」。こう呟くムーミンに、パパは「まさしくそうなんだ、しかし、どうやって確かめるかだ」と述べる。ところが、そこへヘムル署長が訪ねて来る。そして、どうやらスナフキンは、みずからこのムーミン谷を去ったらしいと言う。驚いたムーミンは、スナ

第2節　共に生きる困難さ

フキンの生活していた川辺に行き、テントがすでに引き払われているのを確認すると、村はずれにむかってひっしに走る。このままではスナフキンとお別れになってしまう。ムーミンは泣きながらかれを追うのであった。

勇気と友情

　ムーミンは森を抜け、危険な川を渡り、険しい山道をがむしゃらに走っていく。もう、体のあちこちが傷だらけになって、今にも倒れてしまいそうである。それでも、かれはひっしに走った。そして、ようやくスナフキンの後ろ姿が見える、高い崖の上にたどり着いたのである。しかし、スナフキンが歩いている道までは、到達できそうにない。そこでムーミンは、ありったけの声で叫ぶ。「スナーフキーン！　スナーフキーン！」しかし、一度スナフキンの歩みがとまったものの、かれは再び歩みはじめるのであった。それでもムーミンはあきらめなかった。かれは険しい崖を一挙に飛び降りる。そしてかれは、岩に衝突し、体のあちこちをすりむきながら、スナフキンの近くにドッスンと落ちる。しかも残酷なことに、後から落ちてきた大きな石が、倒れたムーミンを直撃する。これではスナフキンも、手をかしに行かざるをえない。ところが、傷だらけのムーミンは立ち上がるなり、スナフキンが歩んでいた道の先にまわった。そして、ぼろぼろになった体で両腕を大きく横に広げる。しかし、スナフキンは去ろうとする。「行かないでよ、スナフキン、お願いだからァ」。ムーミンは泣きながら、かれにしがみつく。

　スナフキンはムーミンの大胆な行為に驚きつつも、悲しそうに、しかしやさしく告げる。「ゆるしておくれ、ムーミン。きみにさよならすると、決心がにぶるような気がしてね。忘れな

第VIII章　運命と行為

い、忘れるもんか。……しかし、ぼくは行ってしまったほうが
いいんだ。ぼくはコウモリの命のほうが大切だと思うんだ。そ
れだけのことなんだ」。スナフキンにとって、迷信でしかない
言い伝えや、村のしきたりよりも、一匹の傷ついたコウモリの
命のほうが大事であった。スナフキンはこうして、あくまでも
去っていこうとする。その頃、事の重大さに気づいたムーミン
パパとヘムル署長が、この二人の近くにまで来る。傷だらけで
たたずむムーミン。しかし、次の瞬間、ムーミンはスナフキン
がもつ、あの小さなバスケットにゆっくりと手をのばしていく。
すると、バスケットの中にいたコウモリの子は、びっくりして
ムーミンの指に嚙みついた。

　「きみってやつは！」スナフキンはこう呟く。ムーミンの指
からは真っ赤な血が流れ出す。ほんの一瞬のことであった。し
かし血は止まらない。スナフキンは急いで包帯を取り出し、ム
ーミンの傷を手当する。「痛いだろう、ムーミン」。ムーミンパ
パとヘムル署長も、この光景を見届けていた。ムーミンパパが
二人に近づいて言う。「ムーミン、おまえはそんなにまでして
……、スナフキン君、ムーミン谷にもどってくれますね？」ム
ーミンパパがスナフキンの後ろからこう語り、ヘムル署長に念
をおすと、スナフキンは後ろをむいたまま大きく顔を上げる。
その目からは、スナフキンにはめずらしく、涙が流れていた。
そして、かれはムーミンたちとの生活を振り返る。一方のムー
ミンは、まるで痛みを忘れてしまったかのように、大はしゃぎ
していた。「ワーイ、ワーイ、スナフキンが帰って来てくれる、
ワーイ……」。この大はしゃぎのなかで、メルヘンは静かに幕
を閉じていくのであった。

第3節　メルヘンの神秘性

　以上が「赤い月の呪い」と題された作品の粗筋である。ストーリーの流れも実にシンプルで、ほとんど解釈の入り込む余地がない。この話はまずまちがいなく、勇気ある行為ということを、主要なテーマにしている。赤い月の夜に現れたコウモリが、本当に吸血鬼であるのかどうか、この単純な問題から人々の関心は離れ、しきたりを守るために大切な人物をも排除してしまう。そのような、悲しくも残酷な人々の姿が描かれていた。そして、ムーミンだけが、素朴で単純な問題の第一点に立ち返る。スナフキンでさえ、ただムーミン谷を去るという仕方でしか対応できなかった理不尽なしきたりの問題を、子供らしい勇気とスナフキンにたいする心からの思いが克服する。このメルヘンは、ほとんど解釈の必要もなく、そうしたストーリーとして理解できる。そこには別の解釈が入り込む余地などまったくない。

いくつかの疑問

　ところが、その一方で、ストーリーをあらためてたどりなおすと、かなり異なった像が浮かび上がってくる。では、その像とはどのようなものであろうか。重要な手掛かりは、作品の設定を細部にまで一貫させたときに、いくつかの疑問として輪郭をとってくる。その疑問とは、本当にムーミンの勇敢な行為が迷信をくつがえしたのだろうか、ということに関係している。そこでまず、なぜこれが疑問かという点を、はっきりさせておかなければならない。

　赤い月の夜に現れるコウモリたちは、言い伝えどおり吸血鬼

第Ⅷ章　運命と行為

だと信じられていたのかというと、必ずしもそういうわけでは
なかった。実際、スノークは述べている。「よりによって、王
立学習院の学位を三つももっているこのスノークが、そんな言
い伝えを信じて、たまるもんですにが！」。ムーミンパパもま
た、迷信かどうかはともかく、危険を教える言い伝えには、と
りあえず従っておいたほうが安心していられる、と考えていた
だけである。言い伝えもしきたりも知らない子供たちからすれ
ば、大人たちが単なる迷信をめぐって騒いでいることさえ、お
おげさに思えたのである。

　とはいえ、言い伝えに疑問をもつ大人たちは、同時にまたず
いぶんと恐れを抱いてもいた。科学に通じたスノークでさえ、
ノンノンが「じゃあ、なぜ窓を閉めたりするの？」と指摘する
ほど、不安であったことが分かる。しかもスノークは、単なる
迷信に不安がる自分を、どこか恥じていた。かれは「なんたる、
たるか？……このスノークが……」と、まるで独り言のように
嘆いている。したがって、ムーミン谷の住人たちにとって、吸
血鬼が現れるという言い伝えは、ほとんど百パーセント迷信だ
と思われていたことが分かる。しかし、それでも残るほんの数
パーセントの可能性と、言い伝えに秘められた予想外の災いに、
ムーミン谷の住人たちは不安を抱いていたのである。ムーミン
パパは、危険を教える言い伝えには、とりあえず従っておいた
ほうがよいと言っていた。これはまさにそういうことである。
このように、住人たちの気掛かりは、ほとんど自覚されていた
取るに足りない可能性と、自分たちを超えた言い伝えの神秘だ
けであった。実情はこのように整理できる。

第3節　メルヘンの神秘性

前提を一貫させる

　他方、皆既月蝕の夜に吸血鬼が現れるということを、単なる迷信として、すなわち現実にはありえない、まったくの幻想として理解している人物がいた。それはもちろんスナフキンである。しかもかれは、吸血コウモリの伝承だけではなく、それにまつわるしきたりもまた、初めから取るに足りないものである、と確信していた。「ぼくはコウモリの命のほうが大切だと思うんだ。それだけのことなんだ」。思うままに生きているスナフキンには、そもそも隠し立てをする必要はなく、強がりや言い訳をする理由もなかった。かれは思うとおりに語っていたのである。スナフキンの実情は語られるままであったと理解してよいだろう。

　さて、以上のように設定を再確認すると、ここでいくつかの疑問が浮上してくる。スナフキンは赤い月の呪いを百パーセント迷信だと確信していた。それならば、ヘムル署長がコウモリの子を取り上げて、おそらくは殺してしまおうとしたときに、なぜスナフキンはコウモリの子に自分を嚙ませて不安を消し去ろうとしなかったのであろうか。言い伝えのことをすでに知っていたのだから、そのままコウモリの子をかくまうかぎり、つらくともムーミン谷を離れなければならなくなることは、スナフキンにも予想できたはずである。そして、そのことは、スナフキン自身が語っていた。「きみにさよならすると、決心がにぶるような気がしてね」。こう打ち明けるほど、スナフキンにとって、ムーミンと別れることは、とてもつらいことであった。それでも、かれにとっては、言い伝えや村のしきたりよりも小さな命のほうが大切だと語られている。つまり、言い伝えや村のしきたりは、スナフキンにとって本当に取るに足りないもの

であり、そんなもののためにコウモリの小さな命を奪おうとする村に、自分の居場所はもう残されていなかったのである。そして、かれは悲しみをこらえながら、ムーミンに語っていた。「しかし、ぼくは行ってしまったほうがいいんだ」。スナフキンはここでも、一貫してあるがままのことを率直に述べている。

決定的な疑問

　傷ついたコウモリの子供が、言い伝えどおり現実に吸血鬼であるのかどうか、それはスナフキンにとってはもちろんのこと、ムーミン谷の住人たちにとっても、実はほとんど取るに足りない問題になっている。だからこそ、スノークは「ゆーなればしきたりですな。そのしきたりを守らない者に、ムーミン谷に住む資格が、あろうでしょうか!?」とムーミンパパに迫っていたのである。すると、ここで、また一つ疑問が生じる。

　ムーミンは最後に、吸血鬼かもしれないコウモリの子に、自分の指を嚙ませている。しかし、そのコウモリが現実に吸血鬼であるのかどうかは、取るに足りない問題でしかなかった。ましてやスナフキンにとって、そのことはまったくどうでもよいことで、そこにいたのは傷ついた普通のコウモリの子だったのである。したがって、そのことを自分の指で実証したムーミンの行為は、たしかに勇気あるものとはいえ、スナフキンが「痛いだろう、ムーミン」と言ったように、それ以上のものでもそれ以下のものでもない。そうだするとどうなるだろう。スナフキンがムーミンにむかって「きみってやつは！」と呟き、かれには珍しく目に涙を浮かべたのは、そのような意味での勇気に心打たれたからではありえなかったことになる。なぜなら、ムーミンはただ傷ついて弱った、しかも、もともとかよわい子供

のコウモリに、指を嚙みつかれただけであったのだから。しかし、疑問はこれだけではない。より決定的な疑問がここから噴出してくる。もしもムーミンの勇気ある行為が、ムーミン谷に伝わる伝承をくつがえしたという、そのようなストーリーでしかなかったとすると、この作品はシリーズに一貫していた重要なテーマを裏切っていることになる。神秘なものは神秘なままにとどまる。一貫していたテーマとは、まさにこれではなかったか。

　想い起こしてみると、ふさわしい場に置かれたときにだけ、みずからの真相を現すルビーの王様、願いごとを一つだけ必ずかなえてくれる流れ星、ムーミンのたましいのコトバにこたえてくれた伝説のアリオンといったように、この優れた作品群では、神秘なものが神秘なままにとどまることで、現実と境を接していたのである。鏡のむこう側にあるマネマネの世界。仮面祭りで自分を別の自分にする笑いの仮面。いつも自分を見つめる影ぼうし。澄んだ眼差しをむけると、一瞬だけ見えて、たちまちにして消える流行の出どころ。ムーミンのメルヘンでは、神秘なものは現実から切断され、神秘なままにとどまっていた。にもかかわらず、この「赤い月の呪い」だけが、神秘を解消しておわるのだろうか。これはシリーズの根幹に直結する問題であるともいえる。

取るに足りないこと？

　もう一度だけ、繰り返しておこう。コウモリの子供が、現実に吸血鬼であるのかどうか、これはムーミン谷の住人たちにとってさえ、実はほとんど取るに足りないことでしかない。住人たちとスナフキンとの対立は、それでも村のしきたりを守るた

第Ⅷ章　運命と行為

めに、傷ついたコウモリの子を犠牲にするのかどうか、この一点にかかっていたのである。ただ住人たちにとっては、その大きな犠牲を代償としてまで、しきたりにめぐらされたムーミン谷の秩序と平穏の維持は大切なことであった。一方、スナフキンからすると、傷ついたコウモリの子を犠牲にしなければならないような共同体のうちに、自分自身の居場所はなかったのである。このように、コウモリの神秘的な伝承は、一匹の傷ついたコウモリの子が現実に吸血鬼であるのか否かを、すでにして遥かに超えたものとなっている。それはもはや、一匹の傷ついたコウモリの現実には左右されることのない、その点で眼前の個別具体的な現実とは無縁なものとなっていた。ストーリーはまさしくそのように展開していたのではなかろうか。

　そして、一人ムーミンだけが、言い伝えどおりに、しかも住人たちとスナフキンとの対立によって極端なまで肥大化した問題をよそに、一匹の傷ついたコウモリの子へとむかっていく。そのときのムーミンは、言い伝えが語り示す呪いを、文字どおり神秘のままひきうけ、吸血鬼となる運命に、みずから踏み出したのである。かれはこのように、ムーミン谷の伝承と村のしきたりを一身に背負ってまで、かけがえのないスナフキンのいるムーミン谷の生活を、迷うことなく取りもどそうとしたのではなかろうか。だからこそムーミンの行為は、ちっぽけでありながら、スナフキンとムーミン谷の未来を切り開くことになるのである。

運命との格闘

　よく考えてみると、ムーミンのちっぽけな行為は、けっしてムーミン谷の伝承と村のしきたりをくつがえしてはいない。そ

第3節　メルヘンの神秘性

れは伝承の神秘を伝えられているとおりに守りつつ、それでも為された行為であったからこそ、本当に勇気ある行為であった。この点で、ムーミンの行為は伝承の神秘に傷を与えるどころか、みずからが傷ついてまでそれを守りぬいたのである。スナフキンから見ても、それが勇敢な行為であったのは、まさにこのためであろう。しかもこれによって、スナフキンでさえ克服できなかった難題を、ムーミンはあっさりと乗り越えている。

　傷ついたコウモリの子を犠牲にしなければならない共同体のうちにも、スナフキンの居場所は現にこうして、その気になればいつでも在る。かれの居場所は、しかし、迷信と理不尽なしきたりに縛られ、腐ったものにしか見えないこの共同体のもとで、これから創り出していくものとして在る。そして、そのための礎となる、自分たち自身が培ってきた仲間としての関係は、腐敗しきってはいない。スナフキンにとっては、もう去ってしまったほうがいいと思われた共同体に、いや、むしろそう思える共同体であるからこそ、スナフキンはそこに留まらなければならなかったのであり、それ以外のところに、かれが思うままに生きる場はなかったのである。かれはムーミンの行為に、運命と闘いつつこれからも生きようとする姿を、つまり自分が捨て去ろうとしている大切な生き方を見ていたのではないだろうか。

　たとえ、スナフキンの目からすれば、理不尽なしきたりにしか見えないものであっても、ムーミン谷の共同体においては重大なものであった。そのことを引き受けつつ生きる道筋が、傷だらけになったムーミンによって示されているように、ムーミン谷には確かに在る。「きみってやつは！」スナフキンのこの呟きは本当の驚きを示していた。ムーミンの行為は、スナフキ

第VIII章　運命と行為

ンにとって、すべての思い込みを差し戻しにする衝撃であった
にちがいない。その大胆な行為は、スナフキンという一個の人
間が涙し、そして後ろを振り返らなければならなくなるほどの、
とてつもない驚きをもたらしたのである。

神秘を神秘なままに

　アリオンの伝説を扱ってすでに述べたことが（第II章の第3
節を参照）、ここでもほぼそのまま成り立つ。伝承に秘められ
た神秘は、ムーミンたちがスナフキンと共に何をどのようにし
ていくかによって、これからその意味を現していく。逆説的に
も、現実にむけて神秘の意味を決めるのは、伝承に秘められた
過去の何かではなく、運命と格闘しつつ未来へと踏み出そうと
する、そのつどの現在なのである。メルヘンに固有の神秘の世
界は、そのような仕方でだけ、しかしそのような仕方であれば
いつも、わたしたちの生きるこの現実と接している。そして、
ルビーの王様について考えたときのように、ふさわしい場で用
いられた伝承の神秘は、一個の人間には及びもつかないほどの
威力を発揮する。ムーミンはスナフキンと共にあろうとする、
その土壇場に至ってついに、言い伝えが語り示す呪いを神秘の
ままひきうけ、吸血鬼となる運命にみずから踏み出した。この
とき、神秘の世界は初めて、かれらの生きる現実と境を接し、
かれらには及びもつかないほどの威力を発揮したのである。

　一個の人間にできることは、ちっぽけなことでしかない。そ
れは共同体の運命を左右するような大それた企てとはなりえな
いのである。しかし、それを承知のうえでなされる、ほんのち
っぽけな行為は、ちっぽけでありながらも大きな価値をもつ。
それどころか、ちっぽけであるために、単なる幻想を超えた行

為だけが、現実を前に進めるのである。個人を超えた神秘は、いつもそうした大切な行為と境を接し、しかもこの現実を、神秘と接する者たちにふさわしい未来へと導く。一見、解釈の余地がないように思えたこの作品は、こうしたメルヘンの根幹にむけて、わたしたちを誘っていたのである。あたかもその姿が一変するかのように、ストーリーはそれを見る眼差しに応じて、わたしたちにこたえたのであろう。

コペルニクス的な解釈の転回

メルヘンというものは、いつもと少しちがった眼差しをむけることを、どこか誘っているところがある。

一つの作品が何をテーマとしているのかをよく考え、その文脈で個々の台詞や出来事をうけとらなければならない。

個々の台詞や出来事がもつ意味に配慮しながら、想定された文脈を絶えず点検し、その奥行きに迫らなければならない。

不可解に思える事柄と、そうでない事柄とを明確に区別し、それぞれに固有な論理があることを考慮しなければならない。

意味不明な展開は、他の明確な台詞や出来事がもつ意味から、しかもそれらすべてが相互に整合する観点を模索しつつ理解すべきである。

一つの作品において、個々の台詞や出来事はいずれも、わたしたちが作品の外側から持ち込む常識を背景としているので

第Ⅷ章　運命と行為

はなく、その作品に固有な世界のなかでのみ、本来の意味ない
し内容を示している点に配慮しなければならない。

したがって、常識的な観点から作品に固有な世界を覗き込む
だけではなく、その世界に入り込んだ観点から、むしろわた
したちの抱え込んだ常識を眺めなおしてみるのがよい。

最後に、優れた作品の内容は首尾一貫しているものと仮定し
て、その理解に努めることが基本であり、もしも首尾一貫し
ていないのであれば、それは優れた作品ではありえない。

本書で用いた解釈法を綴ってみた。これらはすべて、カント
哲学の神髄、すなわちコペルニクス的転回の思考様式が、ムー
ミンの作品群と出会ったときに教えてくれたことである。

世界像の反転と近代哲学の神髄

赤い月の呪いは迷信でしかなかった。この常識的な解釈は、
神秘を神秘のまま語る世界から切断され、まさにこの切断によ
って神秘の世界と相互に支え合う。おちゃめな子犬は三人の驚
く人物に変貌しながら、一方がけっして他方を損なうことなく、
むしろ双方が創造的に干渉し合っていた。これと同様、常識に
したがって浮かび上がる世界は、首尾一貫した仕方で見事に反
転し、わたしたち人間の真相を示す神秘の世界へと変貌したの
である。しかもこれら二つの世界は、いずれも損なわれること
なく、創造的に干渉し合う像として明確に焦点をむすぶ。この
優れたメルヘンはこうして、カント哲学の神髄をも明らかにし
つつ、これからもさまざまな姿で固有の世界を示してくれるで

第3節　メルヘンの神秘性

あろう。神秘なものは神秘なままに。これがムーミン・シリーズの一貫したテーマであった。しかしそれだけではなかった。この一貫したテーマは、近代哲学を決定的に方向づけた、カント哲学の神髄とも共鳴したのである。

　哲学は、解明することなどできない神秘の領域を、哲学の守備範囲から切断するとともに、神秘を神秘のまま無傷に残さなければならない。もともと語り得ない領分については、あえて沈黙しなければならないのである。そして、むしろそうした沈黙によってのみ、語り得ないほど重大なものごとは、その大切な一面を示すことになる。そもそも、一般性を主眼とする哲学は、個別具体的な生活世界のものごとには到達できない。それどころか、いかなる知識であれ、一般性から迫ろうとするかぎり、個別具体的なものごとへの通路は断たれている。ムーミンの作品群がそうであったように、すべての一般性はむしろ、個別具体的なものごとに宿っている。それゆえ、哲学が一般化という企てをあえて断念し、沈黙によってこの企てを切断したときにだけ、哲学をほんのかぎられた一面として含む生活世界は、哲学から切断されたまま哲学と境を接することになるのである。おそらくこれが、近代哲学の至りついた、ぎりぎりの境地であったといえるだろう。

　近代思想すべての流れがそこへと回帰する巨大な湖。その湖面には、ムーミン・シリーズの一貫したテーマが映し出されるとともに、カント哲学という巨大な湖に秘められた威力もまた、このすぐれた作品群と出会うことによって十分に発揮される。その桁外れともいえる威力は、一つの実像に創造的な反転を促すものとして、しかしあくまでも個別具体的に、その真相をあるがままに示したのである。

あ と が き

　わたしがまだ小学校二年生の頃だったろうか、父親から古くなった腕時計をもらったのがきっかけで、精密な機械の動きに子供ながら興味をふくらませたことを憶えている。そのとき、すでに20年ちかくも使ってきたものだということで、当時でもすでにめずらしいものとなっていた、手巻きゼンマイ式の腕時計である。

　好奇心旺盛な年頃であった。時計の針がいつまでも規則正しくまわりつづけているのを見るうちに、その秘密が知りたくてたまらなくなり、裏にある蓋をたいそう苦労して開けてみたものである。すると、金色の、いかにもしなやかな螺旋形の部品が、巻きつもどりつの軽やかな動きを静かに繰り返している。まるで生き物が呼吸をしているように見えた。その動きに合わせ、かたわらのスタンドからくる光が淡い金属色の反射光となって、脈打つ螺旋を駆け巡っていた。

　よく見ると、一回ごとに形が微妙に違った巻き上がりになっては、すぐにまたゆるみ、べつの小さな部品がそのリズムに合わせてシーソーのように動いている。そして、隣の歯車がまわるのを正確に一歯ずつ整えていた。奥のほうの歯車が本当にまわっているのかどうか、その歯車までどのように回転が伝わっているのか、しばらく眺めていたが、わたしにはよく分からなかった。けれども、眺めているうちにいつしか自分が時計の中に入り込んで、回転する歯車の上に乗ってしまい、メリーゴー

あとがき

ランドに乗り込んだときのように、周囲で展開する景色、そしてそこから見える大小さまざまな部品の動きが、あたかも目の前でくりひろげられるような気分になったことを、最近になってもときおり鮮明な画像のように思い出す。

わたしは大学生のとき以来、科学基礎論という地味な分野を専攻し、ガリレオ、マッハ、アインシュタインなどで有名な相対性原理について研究している。難しいことでよく知られた物理学の基礎原理である。しかし、その内容を大胆に具体化して考えると、時計の裏蓋を開けてみたときの経験と実によく似ているところが面白い。運動する乗り物を外側から観察しているだけではなく、その乗り物に乗り込んだときにどのようなことが起こるのか、また乗り込む前の世界がその乗り物からはどのように見えるのかを想像してみる。あらためて考えてみると、これが相対性原理の基本なのだから。そして、ヨーロッパの文明がなぜこの原理のような、とてつもない考え方にたどりついたのか、この疑問から西洋哲学の歴史を勉強している今でも、時計の裏蓋を開けてみたときと同様の経験をしている。現在の視点から過去の思想はどう見えるか、逆に過去の視点に立ったとすれば、いったい現在の常識はどのように映るのだろうか、と。正直なところ、どうやらわたしの姿勢には、時計の内部を観察したあのときから、今日までまったく進歩がなかったようである。

ともかくも、あの時計の経験からは、もうずいぶんと時が経過してしまった。現在では便利な機械があふれ、わたしたちは交通機関を毎日のように利用し、電話をすれば一瞬のうちに自分の声が、自分の意思が遠くまでとどく。現代文明という大きな機械装置の中に、誰もが乗り込んだ状態で、ごく普通に生活

している。遅い歯車や速い歯車のあいだを、つぎからつぎへと乗り移りながら、わたしたちは便利な生活を送っている。しかし、このような生活を人間が生み出したきっかけは、ひょっとすると、わたしが時計の仕組みに驚いたときの、あの経験のようなものだったのかもしれない。

　高度な電子機器の内部を覗いた子供は、そこにいったいどのようなものを見るのだろうか。興味をひくようなものは何も見えないのだろうか。聞いたところによると、高度の集積回路を顕微鏡で覗くと、そこにはまるで未来都市のような光景が広がるとか。人気のない冷え冷えとした不動の都市。あちらこちらを音もなく駆け巡る電子。そうした世界に入り込んだ子供たちは、そこから新たな興味をふくらませ、これまでにない好奇心と関心を育んでいくのだろう。人間の興味関心が進化してこそ機械も世の中の仕組みも進化する。しかし、今の時代はどのような未来にむかって進化しているのだろうか。いや、その予測ができないということこそ、人間がもつ創造性の源であるのだろう。

　しかし、わたしがまだ小学校二年生の頃、ゼンマイ式の腕時計を与えてくれたあの父親も、今は亡い。

　もとより、本書の執筆を考えたのは、従来とは異なった角度から哲学の入門的な解説ができないかという動機からである。しかし、その動機にもまして、優れたメルヘンを、すなわち創造することの大切さを示してくれるだけではなく、わたしたちのイマジネーションと創造力に応えてくれる貴重なメルヘンを、著者なりにまとめて紹介したかったからだともいえる。まえがきでも述べたように、哲学は触媒である。そして、触媒というものは、反応する物質があってこそ働き、また反応で生じる物

質を適切に処理する準備が整っていなければ害をもたらすことさえある。哲学もこれと同様で、ものを考えようとする動機と問題関心があってこそ働き、またそれによってえられる新しい観点を、従来の常識とともに受け容れる準備が整っていなければ有害なものだともいえる。

　触媒が単独では何も与えてくれないように、哲学そのものをどれほど勉強しても、単独では何もえられない。仮に、単独で何かを与えてくれる「かのような」哲学があれば、それはカゲミーロのペテンに類似する、ただの見かけ倒しではないかと疑うことにこそ意義がある。哲学はあくまでも触媒であり、内容のあることを与えてくれるのは、けっして哲学そのものではない。内容にあたるものは、わたしたち自身の側に秘められた、イマジネーションと創造力である。実のところ、哲学が生きる唯一の場もまた、わたしたちのイマジネーションと創造力をおいて他にはないといってよい。どのようなスタイルの入門書を執筆するにせよ、哲学の解説のためには、読者のイマジネーションと創造力が不可欠である。この定めに従って、本書の解説は優れたメルヘンに、みずからが生きる場を求めたのである。

　そして、一連のアニメーション版ムーミン作品は、類いまれなる創造性の宝庫であった。たしかに、この優れたシリーズのうちでも、本書で紹介できたのは、わたしの記憶に深く刻まれた作品だけである。とはいえ、紹介できた作品だけにかぎっても、そこに秘められた深遠な内容は、本論で試みた拙い解釈を遥かに超えている。その内容は文字どおり無尽蔵であり、またそうであるからこそ、計り知れないほどの魅力をもっているのである。その深遠な内容は、ある時点でなされた特定の解釈で、すべて尽くされて終わるようなことはけっしてない。ましてや、

あとがき

　哲学の入門的な解説に用いられたという、ただそれだけのことで、メルヘンの貴重な作品群が使命を終えてしまってはならないだろう。

　ムーミンの作品群は鑑賞する人たちに、その人たちに固有の像を、いつも映し出してくれる。そして、今後も映し出してくれるにちがいない。この点で、わたしの試みた哲学的な解釈はいずれも、読者がこれからムーミンの作品群に問いかけていく「きっかけ」にすぎず、またそうなることを心から願ってやまない。なぜなら、哲学とは「問いかけ」という、ささやかな触媒にほかならないのだから。想像力も創造性の源も、実は作品を鑑賞する者のうちにあり、いかなる解釈であれ、解釈はつねに鑑賞者みずからが生きた歴史にかたどられている。解釈はつねに解釈者の自己像であり、自己とは生きられた歴史の別名である。そこで上記のような、わたし自身の歴史と執筆を終えた現在の心境を綴ることで、本書のあとがきに代えることにしたい。

人 名 索 引

【ア 行】

アウグスティヌス Aulelius Augustinus（354-430年）　24-29、47、79、
　91、151-152
アナクサゴラス Anaxagoras（前500年頃-428年）　216-217
アナクシマンドロス Anaximandros（前610年頃-540年頃）　23
アナクシメネス Anaximenēs（前546年頃盛年）　23
アリストテレス Aristotelēs（前384-322年）　50-52、54-55、79、80、
　84、89、111-112、159
アルキュタス Archytas（前4世紀後半）　184
アルベルトゥス・マグヌス Albertus Magnus（1206/7-1280年）　51
ウィトゲンシュタイン Ludwig Josef Johann Wittgenstein（1889-1951
　年）　22、197-199、217
ウィリアム・オッカム William of Ockham（1285年頃-1347/9年）　81
　-84、87、91、197、222

【カ 行】

カント Immanuel Kant（1724-1804年）　2-3、9、144、220、223、
　224、244、245

【サ 行】

ゼノン Zēnōn（前5世紀前半）　24-26、194
ソクラテス Sōkratēs（前470/69-399年）　121

【タ 行】

タレス Thalēs（前624年頃-546年頃）　2-7、9、18、19、114-117、
　220、221、224
デカルト René Descartes（1596-1650年）　84-91、107、148-149、154-
　157、223
ドゥンス・スコトゥス Johannes Duns Scotus（1265/6-1308年）　53-
　55、72、80、81、91
トマス・アクィナス Thomas Aquinas（1224/5-1274年）　51-53、54、

人名索引

79、80、83、91

【ナ 行】

ニーチェ Friedrich Wilhelm Nietzsche（1844-1900年）　120

【ハ 行】

ハイデガー Martin Heidegger（1889-1976年）　22、159-161
パルメニデス Parmenidēs（前515/10-450/45年）　192、193、194
ピロラオス Philolaos（前470年頃）　184、186、189
ピュタゴラス Pythagoras（前570年頃-没年不詳）　183-186
ピュタゴラス教団　183-185
ピュタゴラス派　184-186、187-194
フィヒテ Johann Gottlieb Fichte（1762-1814年）　91-92、107、155-159
フッサール Edmund Husserl（1859-1938年）　22、194-199
ヘーゲル Georg Wilhelm Friedrich Hegel（1770-1831年）　121-124、143-144
ヘシオドス Hēsiodos（前8‐7世紀）　192
ヘラクレイトス Hērakleitos（前500年頃）　23、74-79、82、110-121、124、144
ペリクレス Periklēs（前495年頃-425年）　216
ベルクソン Henri Bergson（1859-1941年）　22

【マ 行】

メルロ゠ポンティ Maurice Merleau-Ponty（1908-1961年）　22

著者略歴

1959年生まれ
1990年 東京大学大学院理学系研究科科学史・科学基礎論博士課程
    単位取得退学
2002年 山崎賞受賞
現 在 成蹊大学法学部特別任用教授

著書・論文
『講座ドイツ観念論』第三巻（弘文堂，1990年）共著
『真理への反逆』（富士書店，1994年）共著
『時間の政治史』（岩波書店，2001年）
『無根拠への挑戦』（勁草書房，2001年）
『コペルニクス的転回の哲学』（勁草書房，2001年）
『時間の民族史』（勁草書房，2003年）
『知識と時間』（勁草書房，2003年）
『科学的思考とは何だろうか』（ちくま新書，2004年）
『神学と科学』（勁草書房，2006年）
『時間の思想史』（勁草書房，2008年）
『カントからヘルダーリンへ』（東北大学出版会，2013年）
『なぜ科学はキリスト教圏で成立したのか』（勁草書房，2023年）
その他

ムーミンの哲学　新装版

2002年 6月20日　第1版第1刷発行
2024年10月20日　新装版第1刷発行

著 者　瀬戸一夫

発行者　井村寿人

発行所　株式会社　勁草書房

112-0005 東京都文京区水道 2-1-1　振替 00150-2-175253
　（編集）電話 03-3815-5277／FAX 03-3814-6968
　（営業）電話 03-3814-6861／FAX 03-3814-6854
　　　　　　　　　　　　　　　　理想社・松岳社

©SETO Kazuo　2024

ISBN978-4-326-15490-6　Printed in Japan　

 ＜出版者著作権管理機構　委託出版物＞
本書の無断複製は著作権法上での例外を除き禁じられています。
複製される場合は，そのつど事前に，出版者著作権管理機構
（電話 03-5244-5088、FAX 03-5244-5089、e-mail: info@jcopy.or.jp）
の許諾を得てください。

＊落丁本・乱丁本はお取替いたします。
　ご感想・お問い合わせは小社ホームページから
　お願いいたします。

https://www.keisoshobo.co.jp

瀬戸一夫 無根拠への挑戦 フィヒテの自我哲学 四六判 三六三〇円

瀬戸一夫 コペルニクス的転回の哲学 A5判 三八五〇円

瀬戸一夫 †時間の民族史 教会改革とノルマン征服の神学 A5判 五五〇〇円

瀬戸一夫 †知識と時間 古代ギリシアの文化相対主義 A5判 二八六〇円

瀬戸一夫 神学と科学 アンセルムスの時間論 A5判 六一六〇円

瀬戸一夫 †時間の思想史 アンセルムスの神学と政治 A5判 八五八〇円

瀬戸一夫 なぜ科学はキリスト教圏で成立したのか A5判 一〇四五〇円

＊表示価格は二〇二四年一〇月現在。消費税は含まれております。
†はオンデマンド版です。